lehmanns
media

Barbara Fleischer

Frauen an der Leine

Ein Stadtspaziergang auf den Spuren berühmter Hannoveranerinnen

lehmanns media

Bibliografische Information der Deutschen Nationalbibliothek
Die Deutsche Nationalbibliothek verzeichnet diese Publikation in der Deutschen Nationalbibliografie; detaillierte bibliografische Angaben sind im Internet unter „http://dnb.ddb.de“ abrufbar

Bildnachweis: Barbara Fleischer (S. 11, 21, 35, 48, 60, 67, 81, 107, 109, 118, 129, 135, 137, 140), Peter Gorny (S. 92), Historisches Museum Hannover, W. Meyer (S. 89), VHS Hannover (S. 45).

Hardenbergstraße 5 • 10623 Berlin
Umschlag: Bernhard J. Bönisch, Foto: Barbara Fleischer
Layout: Bernhard J. Bönisch
Druck und Bindung: Offsetdruck Holga Wende, Berlin

ISBN: 978-3-86541-273-7

www.lehmanns.de

Inhaltsverzeichnis

Frauen an der Leine

Ein Stadtspaziergang auf den Spuren berühmter Hannoveranerinnen

Als ich etwa sieben oder acht Jahre alt war, wurde ich gefragt: *Wo führen Männer ihre Frauen an der Leine spazieren?* Von einer Stadt namens Hannover hatte ich da noch nie etwas gehört. Wie man dagegen Frauen an der Leine führt, davon hatte ich schon eine genaue Vorstellung – so wie mit unserem Hund müsste das sein. Wenn ich mit dem spazieren ging, hatten wir manchmal unterschiedliche Vorstellungen davon, wohin wir eigentlich wollten. Dann zog und ruckte ich heftig an der Leine, und manchmal schimpfte ich auch tüchtig mit ihm. Die armen Frauen!

Vor mehr als dreißig Jahren zog ich nach Hannover, natürlich eines Mannes wegen.

Seit dem Jahr 2000 führe ich selbst „Frauen an der Leine". Da mich die Biografien berühmter Frauen schon immer interessiert haben, übernahm ich bei Stattreisen Hannover e. V. diesen Stadtspaziergang. Es gibt viele Spuren in der Leinestadt, die mit den Lebenswegen von Frauen, bekannten und auch weniger bekannten, verbunden sind. Bei meinen Spaziergängen – und nun auch in diesem Buch – versuche ich diese Spuren nachzuzeichnen und auf die Bedeutung von Frauen aus verschiedenen Jahrhunderten, Bereichen und Gesellschaftsschichten hinzuweisen.

Die von mir getroffene Auswahl ist subjektiv. Eines jedoch ist allen Frauen gemeinsam: sie haben ihr Leben selbstständig in die Hand genommen. Ob die eine oder andere von ihnen allein an der Leine spaziert ist oder von einem Mann geführt wurde, konnte ich allerdings nicht immer herausfinden.
Auf Seite 144 werden die Titel von Sammelwerken zu hannoverschen Frauen genannt, die ich für meine Arbeit intensiv genutzt habe. Alle Bände dokumentieren anschaulich und gut lesbar die Forschungsergebnisse von Historikerinnen und Historikern und beleuchten unter verschiedenen Aspekten die Lebenswege von Hannoveranerinnen. Sie sind eine Leseempfehlung an alle, die sich genauer mit der hannoverschen Frauengeschichte beschäftigen möchten. Zu den einzelnen Kapiteln finden sich ebenfalls Literaturhinweise, diese Empfehlungen erheben keinen Anspruch auf Vollständigkeit. Eine vollständige Liste aller von mir benutzten Literatur ist unter dem Titeleintrag dieses Buches auf der website von Lehmanns Media www.lob.de abrufbar.
Dieses Buch ist ein Spaziergang durch die Geschichte hannoverscher Frauen. Er führt zu „Orten" in der Stadt, an denen sich deren Spuren entdecken lassen. Ich lade Sie ein, mich zu begleiten!

Barbara Fleischer
Hannover, im Februar 2009

Selbstbestimmtes Frauenleben im Mittelalter – die Beginen

Hannover und die Leine gehören zusammen wie Pech und Schwefel. Im Mittelalter, als Hannover von einem festen Mauerring umgeben war, bot das Wasser als tiefer Graben außerhalb der Wallanlagen einen zusätzlichen Schutz. Nicht einmal Tilly gelang es im Dreißigjährigen Krieg, die Stadt zu erobern.

Und natürlich zweifelt deshalb niemand daran, dass Hannover an der Leine liegt! Woher aber kommt der Name der Stadt? Das lässt sich nicht sicher nachweisen. Schon um 800, zur Zeit Karls des Großen, als die Christianisierung begann, haben in dieser Gegend Menschen gesiedelt. Wahrscheinlich sogar noch früher, wie man aus alten Ortsnamen glaubt schließen zu können. So soll Osterwald ein Ort gewesen sein, an dem die germanische Göttin Ostara verehrt wurde, und auch Hainholz könnte nach den heiligen Hainen benannt sein, an denen man unsichtbaren Gottheiten huldigte. Da der Boden durch den Schlamm der Leine und ihres Nebenflusses Ihme fruchtbar war, wurde Ackerbau betrieben. Die Flüsse selbst versprachen Fischreichtum und waren Wasserstraßen, auf denen man, um Handel zu treiben, im Norden sogar Friesland erreichen konnte.

Die erste Niederlassung, aus der später die Stadt entstand, lag am rechten Leineufer. Vielleicht kommt daher der Name Hannover, auf den heute noch eine Straße mit dem Namen „Am Hohen Ufer“ hindeutet. In niedersächsischer Mundart könnte es am „hohen Over“ geheißen haben, entsprechend der Beschaffenheit des dortigen Leineufers. Eine andere Herleitung spricht von „henober“, also „hinüber“ auf die andere Seite des Flusses. Die Herren der Siedlung, die Grafen auf der Burg Lauenrode, an der linken Leineseite gelegen, hätten auf die Frage nach Bediensteten und deren Wohnung immer geantwortet „he is henober“, nämlich auf der anderen Flussseite.

Erste schriftliche Zeugnisse für den Namen stammen vom Ende des 11. und dem Beginn des 12. Jahrhunderts. In Quellen des Bischofs von Hildesheim ist von einem „vicus Hannovere“, einem Dorf oder Flecken dieses Namens, die Rede. Sicher ist, dass Heinrich der Löwe 1163 hier einen Hoftag gehalten hat, wie eine Urkunde beweist. Im Jahr 1241 wurde Hannover offiziell als Stadt mit entsprechenden Rechten anerkannt, aber wahrscheinlich hatten sich zu diesem Zeitpunkt die städtischen Formen schon in einem 40 Jahre dauernden Entwicklungsprozess herausgebildet.

Von der alten Stadtbefestigung ist wenig erhalten, die Mauern wurden nach und nach abgetragen, im Laufe der Zeit boten sie wegen der immer besser entwickelten Kriegstechnik keinen Schutz mehr. Die wenigen Teile, die übrig geblieben waren, fielen, wie mehr als achtzig Prozent der Innenstadtbauten, den Bomben des Zweiten Weltkrieges zum Opfer oder wurden beim Wiederaufbau nach dem Krieg beseitigt.

Erhalten hat sich der mächtige Beginenturm, der als Stadtturm im Jahr 1357 erbaut wurde. Ein wehrhafter Turm, dessen untere Mauern in Höhe des Erdbodens drei Meter stark sind. Zur Zeit seiner Erbauung wurde er „de nye torn“ genannt. Weil er aber im Garten der Beginen stand, hieß er bald Beginenturm. Der trutzige Bau beherbergte ein Gefängnis, in dem auch gefoltert wurde. Das neben ihm gelegene Haus der frommen Schwestern, der Beginen, befand sich also in keiner „guten Wohngegend“.

Der erste gesicherte Nachweis für die hannoversche Beginenniederlassung stammt aus dem Jahr 1311. In alten Urkunden auch „Begkinen“ oder „Backinen“ genannt, hießen sie in Hannover nur „Süstern“, eine niederdeutsche Bezeichnung, die vom lateinischen „sorores“, also Schwestern, herzuleiten ist. Über die Entstehung der Beginenbewegung gibt es zahlreiche Theorien; nachgewiesen ist, dass sie ihren Ursprung in Flandern genommen hat, wo man noch heute zahlreiche Beginenhöfe findet. Sie verbreitete sich über Nordeuropa bis nach Norditalien und sogar bis in den Süden Frankreichs. Die Beginen versuchten zwischen einer geistlichen und weltlichen Lebensweise einen Mittelweg zu finden und bildeten klosterähnliche Gemeinschaften. Ursprünglich war es nur unverheirateten adeligen Frauen möglich, in ein Kloster einzutreten, allein sie waren in der Lage, die geforderte hohe Summe für den Eintritt aufzubringen.

Der Beginenturm am Hohen Ufer

Später öffneten sich Nonnenklöster auch für bürgerliche Frauen, doch verbot 1215 ein vatikanisches Konzil die Neugründung von Orden. Da die Sterblichkeit unter der männlichen Bevölkerung höher war als unter der weiblichen, zudem viele Männer auf den Kreuzzügen starben, gab es einen hohen Frauenüberschuss. Für Männer bestand immer die Möglichkeit, sich in eines der zahlreichen Mönchsklöster zurückzuziehen. Angehörige des Klerus unterlagen außerdem dem Zölibat. Auch existierten seit dem Spätmittelalter Bruderschaften, diese Vereinigungen waren auf Dauer angelegt. In ihnen fanden sich Männer mit dem Ziel zusammen, ihr Leben vor allem religiösen aber auch karitativen Aktivitäten zu widmen.

Ähnliche Ziele verfolgten die Beginen, eine Gemeinschaft von Schwestern, die grundsätzlich allen Frauen offen stand. Doch wurden auch hier, ähnlich wie bei der Aufnahme in ein Kloster, Eintrittsgelder verlangt. In ihrer Höhe richteten sie sich nach dem Vermögen der Familie. Töchter aus Ratsfamilien zahlten den höchsten Betrag, Kaufmanns- und dann Handwerkertöchter weniger. Die meisten Frauen stammten aus den Familien des gehobenen Bürgertums, jenen aus ärmeren Schichten war der Eintritt meist aus finanziellen Gründen nicht möglich. Im Gegensatz zu Nonnen behielten die Beginen ihren Besitz, der es ihnen ermöglichte, bei veränderten Lebensverhältnissen ins weltliche Leben zurückzukehren. Das klösterliche Gebot der Armut galt für sie nicht.

Bei ihrem Eintritt in die Gemeinschaft legten die Frauen ein habitähnliches Gewand an, meist von gelber, bräunlicher oder blauer Farbe. In Hannover wurde diese strenge Tracht durch bunte, bestickte Tücher aufgelockert. Die Frauen verpflichteten sich, nach dem Gebot der christlichen Nächstenliebe, in Keuschheit und Gehorsam zu leben. Das hieß: Krankenpflege, Bestattung von Toten und Unterhaltung der Gräber, aber auch Kinderbetreuung und Erziehung, Unterricht im Schreiben und Lesen. Sie waren außerdem erwerbstätig als Wäscherinnen und Textilhandwerkerinnen. Die hannoversche Gemeinschaft verfügte über Grundbesitz, mit dem Einnahmen erzielt wurden, und erhielt zudem ansehnliche Schenkungen.

Die Süstern besaßen ein Haus und ein großes, eigenes Grundstück. Etwa zwanzig Frauen wohnten hier unter einer „magistra", einer „Meisterin", zusammen. Diese vertrat die Gemeinschaft nach außen, gegenüber dem Rat der Stadt oder bei Rechtsgeschäften. Innerhalb der Gemeinschaft genossen die „vier ältesten Schwestern" – Frauen, deren Entscheidungen aufgrund ihrer Lebenserfahrung gehört und befolgt wurden – eine herausgehobene Stellung. Neben den Beginen gab es außerdem immer Frauen, die aus verschiedenen Gründen nur eine begrenzte Zeit in der Gemeinschaft lebten, andere, die sich auf das Leben als Begine vorbereiteten oder solche, die hier alt, krank und pflegebedürftig geworden waren. Die Verteilung der Tätigkeiten für die Gemeinschaft folgte einem hierarchischen System, das sich an der gesellschaftlichen Stellung der Frauen orientierte und somit ein Spiegel der sozialen Herkunft und Ordnung war.

Der Rat der Stadt griff in das Gemeinschaftsleben ein, indem er sich vorbehielt, den Posten der Pförtnerin zu besetzen. Diese Funktion galt als wichtig, stellte sie doch den Kontakt zur städtischen, weltlichen Öffentlichkeit her, da sie den Zutritt zum Gelände regelte und überwachte. Denn für die Öffnungs- und Schließzeiten galten strenge Regeln, jeder Ausgang bedurfte der Genehmigung durch die Ältesten. Nachts – im Sommer ab neun und im Winter ab acht Uhr – waren die Türen fest verschlossen. Nur eine weltliche Person wurde im Beginenhaus geduldet, eine Magd, die allen diente und von der Gemeinschaft bezahlt wurde.

Hannover hatte ein zwiespältiges Verhältnis zu den Süstern. Zwar schätzte man ihre soziale Arbeit, andererseits befürch-

tete der Rat der Stadt, sie könnten der Stadtkasse zur Last fallen. Zu hohe finanzielle Einkünfte und damit zu große Unabhängigkeit waren allerdings ebenfalls nicht erwünscht. Nicht zuletzt hatten die Handwerker, vertreten durch die Zünfte, Angst vor der Konkurrenz bei handwerklichen Tätigkeiten. Immer wieder erließ der Rat deshalb Verordnungen, um die Arbeit der Beginen zu beschränken.
Nicht nur die weltliche Autorität griff regelnd ein, auch die kirchliche, vertreten durch den Stadtklerus, verlangte die Befolgung religiöser Pflichten. Die „Tertia Regula“ für außerhalb des Klosters lebende christliche Gemeinschaften galt auch für Frauen, gleichgültig ob ledig, verheiratet oder verwitwet. Die Beginen wurden nach und nach gezwungen, sich dieser „dritten Regel“ der Franziskaner zu unterwerfen. Sie bedeutete eine stärkere Annäherung an das strenge, klösterliche Leben und ermöglichte eine bessere Kontrolle seitens der Kirche. In Hannover überwachten die Mönche des Minoritenklosters, einem Zweig des Franziskanerordens, in unmittelbarer Nähe ihre Einhaltung. Dorthin mussten die Frauen auch zur Beichte gehen.
Im Jahr 1533 hatten die reformatorischen Ideen Martin Luthers Hannover erreicht. Obwohl der Rat der Stadt sich unnachgiebig zeigte, konnte er die Hinwendung zum neuen Glauben nicht verhindern. Das politische Klima in der Stadt verschärfte sich, Übergriffe auf die katholische Bevölkerung nahmen zu. Schließlich floh die Obrigkeit beinahe geschlossen ins katholische Hildesheim. Diese Entwicklung bedeutete auch das Ende der Existenz des Beginenhauses. Der neue, evangelische Rat der Stadt legte den Frauen nahe, sich zum „richtigen“ Glauben zu bekennen. Dieser Empfehlung verlieh er mit dem Einzug des Vermögens Nachdruck. Viele Frauen verließen die Gemeinschaft und zogen wieder zu ihren Familien, einige heirateten. Andere nutzten das ihnen im Haus gewährte Wohnrecht und unterrichteten weiterhin

Kinder, einige starben im Laufe der Zeit aus Altersgründen. Das Gebäude war über die Jahre nicht mehr zu unterhalten und verfiel nach und nach. So wurde im Jahr 1580 ein Seitenflügel renoviert und umgebaut, die städtische Schreib- und Rechenschule zog ein. Den übrigen Teil ließ der Rat der Stadt abreißen, auf dem Gelände entstand der städtische Pferdestall.

An dem Ort, an dem das Beginenhaus gestanden hat, setzte sich die Tradition der karitativen und sozialen Arbeit noch bis ins 20. Jahrhundert fort. So entstand hier 1734 das städtische Lazarett. Nachdem es wegen Raumnot nach Linden verlegt worden war, wurde aus dem Badehaus des Krankenhauses eine städtische Badeanstalt. Eine Suppenanstalt, in der täglich Mahlzeiten ausgegeben wurden, und das Büro der Gemeindediakonie fanden hier nacheinander ihr Domizil. Die Diakonie richtete in dem Gebäude eine Arbeitsvermittlung für Frauen ein, später eine Verteilungsstelle für Artikel des Grundbedarfs und später eine Augenklinik ein. Ab 1900 nutzte ein Möbelgeschäft die Räume.

Die Entwicklung lässt sich an den Veränderungen der Straßennamen ablesen; die Beginenstraße, die zum Turm führte, wurde 1750 umbenannt in An der Pferdetränke, weil sie zur Pferdeschwemme an der Leine führte, die im Zusammenhang mit dem Ratsmarstall entstanden war. Seit 1770 trägt sie den Namen Pferdestraße. An die Pferdeställe erinnert heute noch das Marstalltor an der Straße Am Hohen Ufer. Es ist kein Stadttor, sondern das Tor des 1714 unter George I. gebauten Reithauses.

Die Pferdeschwemme verschwand mit dem Wiederaufbau Hannovers nach den Zerstörungen des Zweiten Weltkrieges. Mehrfach wurde das Leineufer in den kommenden Jahren umgestaltet. An die Beginen erinnert heute nur noch der Name des Turmes. Bis 2007 beherbergte er eine Schänke, jetzt gehört er zum Historischen Museum der Stadt.

Literaturhinweis:

Elm, Kaspar: Ketzer oder fromme Frauen? In: Journal für Geschichte. Heft 6, Nov. 1980, S. 42-46.

Foeßel, Amalie und *Anette Hettinger:* Klosterfrauen, Beginen, Ketzerinnen. Religiöse Lebensformen von Frauen im Mittelalter. Idstein 2000. (Historisches Seminar, Schriftenreihe, N. F. 12)

Grübel, Isabel: Bettelorden und Frauenfrömmigkeit im 13. Jahrhundert (Kulturgeschichtliche Forschungen. Bd. 9). München, tuduv-Verl. 1987.

Hoppe, Rudolph Ludwig: Geschichte der Stadt Hannover. Hannover, Verlag Harro v. Hischheydt, 1975. (Beitr. zur Geschichte, Landes- und Volkskunde von Niedersachsen und Bremen, Ser. A: Nachdrucke, Bd. 44). Reprint der Ausg. von 1845.

Kaldewei, Gerhard: Beginen - Sustern - Vrome Vrouwen: Zur Kulturgeschichte weiblicher religiöser Bewegungen im Spätmittelalter zwischen Mystik und Welt. In: Niedersächsisches Jahrbuch für Landesgeschichte. 76. 2004, S. 133-180.

Mußmann, Olaf: Beginen – „Kommunardinnen“ des Mittelalters? Die „via media“ in Hannover. In: Frauenwelten. biographisch-historische Skizzen aus Niedersachsen. Hrsg. von Angela Dinghaus. Hildesheim 1993, S. 19-32.

Wehrli-Johns, Martina: Fromme Frauen oder Ketzerinnen? Leben und Verfolgung der Beginen im Mittelalter. Freiburg 1998.

Rund ums Leineschloss – Herzoginnen, Kurfürstinnen, Prinzessinnen und Königinnen

Das Leineschloss ist schon lange kein Schloss mehr, vom ursprünglichen Gebäude existiert bis auf den Portikus, der die Kriegszerstörungen überlebt hat, nichts mehr. Es hat auch nie die Attribute besessen, die landläufig mit einem Schloss in Verbindung gebracht werden, sondern war immer ein eher schlichter Bau. Nach dem Zweiten Weltkrieg wurde es als Parlamentsgebäude der Niedersächsischen Landesregierung wieder aufgebaut. Dennoch bleibt es für Hannover eben das Leineschloss!

Wo heute das Leineschloss steht, befanden sich im späten Mittelalter Gebäude ganz anderer Art. Das Gelände war eine reiche Schenkung zweier adeliger Herren an den Minoritenorden. Hier wurde am Ende des 13. Jahrhunderts das Barfüßerkloster errichtet mit einer dazugehörigen großen Kirche. Ein Chronist beschreibt sie als prächtigen Bau mit „zwanzig Gewölben, jeweils 60 Fuss“ hoch und „24 Fensterbogen mit prachtvollem Postament“. Daran schloss sich das eigentliche Kloster mit einem geräumigen Hof an. Die Lage des Mönchsklosters war ausgezeichnet; auf der einen Seite geschützt von Stadtmauer und Leine, lag es mit der anderen Seite zur Leinstraße hin, der breitesten und schönsten Straße der Stadt. Die Barfüßer gehörten zu den Minoriten, einem Zweig des Franziskanerordens, einem der mächtigsten und größten Orden der Zeit. Den Namen Barfüßer trugen sie, weil sie in der Tat barfuß gingen. Sie verfügten über direkte Kontakte zum Heiligen Stuhl. Papst Benedikt XI. hatte ihnen das Recht gewährt, auf ihrem Gelände neben Mönchen auch Personen zu bestatten, die nicht im Kloster gelebt hatten. Die machtvolle Stellung des Klosters zeigte sich in Hannover auch darin, dass sich dieser Begräbnisplatz unter den hochgestellten Familien zu einer heiß begehrten Ewigen Ruhestätte entwickelte, sehr zum Verdruss des Stadtklerus. Die kirchliche Macht der Stadt lag somit eigentlich in den Händen des Klosters, und auch die Frauen des Beginenkonvents mussten sich in allen religiösen Fragen an das Kloster wenden und sich ihm unterordnen.

Nachdem sich Hannover der Reformation angeschlossen hatte, verließen die Barfüßer das Kloster, in dem vorübergehend Armenspitäler eingerichtet wurden. Mitten im Dreißigjährigen Krieg, im Jahr 1636, entschloss sich Georg von Calenberg, Herzog von Braunschweig und Lüneburg, Hannover zu seiner Residenzstadt zu machen. Ein Leben innerhalb der hannoverschen Stadtbefestigung schien ihm sicherer als an anderen Orten des stark zerstörten Fürstentums. Er wählte das ehemalige Klostergelände als Bauplatz für sein Schloss. Der Rat protestierte zwar, hatte aber nicht die Macht, den Fürsten an seinen Plänen zu hindern. Umgehend ordnete Georg den Umbau an. Am Rande des Geländes liegende Privathäuser wurden aufgekauft, der gesamte Komplex einschließlich großer Teile der Kirche abgerissen. Das neue Gebäude entstand als Fachwerkbau innerhalb von drei Jahren. Die Reste der Klosterkirche wurden in eine neue Schlosskapelle einbezogen. Allerdings war der Herzog oft in kriegerischen Angelegenheiten unterwegs und hatte wenig Gelegenheit, seinen Wohnsitz auch tatsächlich zu nutzen. Er starb am 12. April 1641 in Hildesheim, angeblich wurde er, gemeinsam mit der gesamten Tafelrunde, bei einem geselligen

Essen vergiftet. Weitere von ihm in Auftrag gegebene Bauten wie das Zeughaus und der Marstall auf dem Gelände des ehemaligen Beginenhauses, waren zur Zeit seines Todes noch nicht fertig gestellt. Seine vier Söhne teilten die Herrschaft auf. Im Schloss residierte einige Jahre der älteste Sohn, Christian Ludwig (1622-1665), bis er 1648 das größere Besitztum Celle-Lüneburg übernahm und die Herrschaft über das Fürstentum Calenberg dem zweiten Bruder, Georg Wilhelm (1624-1705), überließ. Der lebte nun zwar in Hannover im Schloss, ließ jedoch nicht viel bauen.

Der gesamte hannoversche Hof reiste alljährlich zu den Karnevalsfestlichkeiten über die Alpen nach Venedig. Auf einer dieser Reisen machte Ernst August (1629-1698), der jüngste der vier Brüder, in Heidelberg am Hof des dortigen Kurfürsten Karl Ludwig Station, wobei er dessen jüngere Schwester Sophie von der Pfalz kennen lernte. Es entwickelte sich eine kurze, harmlose Tändelei. Obwohl man am Hof von Heidelberg nach einem geeigneten Ehekandidaten für Sophie suchte, kam Ernst August als Bräutigam nicht ernsthaft in Frage, dessen Bruder Georg Wilhelm – ebenfalls in Heidelberg anwesend – allerdings schon. Georg Wilhelm war gleichfalls auf der Suche nach einer Braut, da die Landstände Hannovers ihn zur Eheschließung drängten, um die Nachfolge gesichert zu wissen. Im Falle der Verheiratung stellten sie ihm höhere Einkünfte in Aussicht. Ein verlockendes Angebot. Und so fragte Georg Wilhelm in Hannover an, was man dort von einer Eheschließung mit Sophie von der Pfalz hielt, denn sie gefiel ihm durchaus. Die Antwort fiel positiv aus, und so wurde der Ehekontrakt zur allseitigen Zufriedenheit vom pfälzischen Kurfürsten Karl Ludwig, Georg Wilhelm und auch Sophie selbst unterzeichnet. Glücklich reiste der Bräutigam nach Venedig weiter, um dort ausgiebig zu feiern.

Sophies Eltern waren Friedrich V., Kurfürst der Pfalz, und Elisabeth aus dem Hause Stuart, die Tochter König Jakobs I.

von Großbritannien und Irland. Der Vater, als böhmischer Winterkönig politisch glücklos, musste mit der Familie durch halb Europa fliehen, um schließlich in Holland politisches Asyl zu finden. Dort kam am 14. Oktober 1630 Sophie als zwölftes Kind in Den Haag zur Welt; ihr Vater starb, als sie gerade zwei Jahre alt war. Nach dem Westfälischen Frieden 1648 erhielt der älteste noch lebende Sohn Friedrichs V. die Kurpfalz zurück, Sophie zog mit ihrem Bruder Karl Ludwig nach Heidelberg. Sie betreute in dessen Haushalt die beiden Kinder. Die Tochter Elisabeth Charlotte, genannt Lieselotte, schloss sich besonders eng an sie an. Ein Leben lang blieben beide in intensivem Briefkontakt, auch als Lieselotte später an den französischen Hof verheiratet worden war und als Schwägerin des Sonnenkönigs eine hohe Stellung auszufüllen hatte.

In Heidelberg hörte man indes wenig Erbauliches vom hannoverschen Bräutigam. Rückschauend notierte Sophie in ihren Memoiren: „Inzwischen hatte der Herzog von Hannover sich bei seiner Ankunft in Venedig an die erste Kurtisane gemacht, die ihm begegnet war, nämlich eine Griechin, die weiter nichts Schönes an sich hatte als ihre Kleider. Sie hatte ihn in einen für die Heirat sehr ungünstigen Zustand versetzt. Er sah mich nicht mehr; die Ausschweifungen Venedigs hatten unüberwindliche Reize für ihn; die Stände seines Landes verstanden sich nicht dazu, seine Einkünfte zu erhöhen. Alles das zusammen ließ ihn sein Versprechen bereuen, das er selbst mir mündlich und schriftlich gegeben hatte. Seine Briefe wurden kälter."

Der pfälzische Kurfürst zeigte sich beunruhigt, während Georg Wilhelm fieberhaft versuchte eine Lösung für seine fatale Lage zu finden. Zunächst verhandelte er mit seinem jüngsten Bruder Ernst August, von dem er wusste, dass auch er ein Auge auf Sophie geworfen hatte und machte ihm folgendes Angebot: Wenn Ernst August die Braut statt seiner heiratete,

Denkmal der Kurfürstin Sophie im Großen Garten, Hannover Herrenhausen. Sitzstatue (1876/78) von Friedrich Wilhelm Engelhardt

wäre er bereit, ihm sämtliche Erbansprüche auf das Fürstentum Calenberg mit der Residenz in Hannover abzutreten. Er wollte auch ein Schriftstück unterzeichnen, in welchem er Ehelosigkeit gelobte. Sollte er tatsächlich Kinder haben, würden sie als nichtehelich gelten und damit von der Erbfolge ausgeschlossen. Einzige Bedingung: eine großzügige Apanage zur Befriedigung seiner Vorlieben. Ernst August stand dem Vorhaben durchaus nicht abgeneigt gegenüber, beide schickten einen Unterhändler in die Pfalz. Der dortige Kurfürst äußerte zwar zunächst Bedenken, stimmte dem Plan aber schließlich zu, da die Hannoveraner seiner Schwester Sophie sowohl einen ausreichenden Unterhalt zusicherten als auch eine angemessene Witwenpension. Für Sophie mit ihren beinahe 29 Jahren war dies sicher die letzte Möglichkeit, einen Ehemann zu finden. Am 30. September 1658 fand in Heidelberg die Hochzeit statt. Georg Wilhelm überließ dem Paar im Leineschloss einige Räume als Wohnung. Sophie gestand in ihren Memoiren, dass sie sich aus Stolz nicht über die Angelegenheit geäußert habe, da ihr Ernst August nicht unsympathisch gewesen sei. In der hannoverschen Geschichte wird dieser Handel „Brauttausch“ genannt, doch war die Braut die einzige, die dabei nicht nach ihrer Meinung gefragt worden war. Dennoch war die Ehe zu Beginn offenbar glücklich. Sophie notierte später, der Herr Herzog zeige sich „derartig für mich eingenommen, dass ich mir einbildete, er würde mich sein ganzes Leben lang lieben“.

Als vorbildliche Ehefrau brachte sie im Laufe der ersten 14 Ehejahre sechs Söhne und eine Tochter zur Welt. Für Ernst August mehrten sich in dieser Zeit die politischen Erfolge, er erhielt zunächst 1662 die protestantische Bischofswürde in Osnabrück, auf die er nach den Regelungen des Westfälischen Friedens Anspruch hatte. Das Herzogpaar verlegte seinen Wohnsitz auf Schloss Iburg im Bistum Osnabrück. Bruder Georg Wilhelm regierte von Celle aus das Fürstentum Celle-Lüneburg, nachdem Christan Ludwig gestorben war. 1679, nach dem Tod auch des zweiten, ungeliebten Bruders Johann Friedrich, der nur Töchter hatte, zog Ernst August mit Sophie und der inzwischen schon recht großen Familie ins Schloss von Hannover, übernahm dort die Regierungsgeschäfte und herrschte über ein Fürstentum, das sich von Neustadt am Rübenberge bis Hannoversch-Münden und von der Weser bis zum Harz erstreckte. Etwa um diese Zeit bürgerte sich der Name „Hannover“ für diesen Zweig der Familie ein.

Ernst August war schon in Osnabrück durch eine prunkvolle Hofhaltung aufgefallen. In Hannover begann er sofort damit, das Schloss repräsentativ umzugestalten. Der finanzielle Aufwand wurde mit 26.700 Talern beziffert. Innen ließ er die Gebäude besonders glanzvoll ausgestalten und die Schlossoper mit 1.300 Sitzplätzen vollenden. Sie galt damals als das prunkvollste Theater Europas und wurde mit einer Aufführung der Oper *Enrico Leone* von Agostino Steffani eingeweiht. Er veränderte auch die Umgebung und kaufte insgesamt 42 Häuser in zwei engen Gassen auf, die er niederreißen ließ. So entstand ein weitläufiges Gelände, die Schlossfreiheit, und unter Einbeziehung eines Teils des zugeschütteten Stadtgrabens die Neue Straße.

Am Hofe von Hannover lebte seit 1667 Gottfried Wilhelm Leibniz. Johann Friedrich hatte ihn als Berater und Bibliothekar in die Leinestadt geholt. Dass er 40 Jahre lang bis zu seinem Tod hier blieb, ist in erster Linie Sophie von der Pfalz zu verdanken. Er nannte sie „unsere große Kurfürstin“. Sie war eine ausgesprochen kluge Frau, sprach und schrieb fließend Französisch und Deutsch und konnte sich auch in Englisch und Holländisch unterhalten. Da sie seit ihrer Heirat über eigenes Geld verfügte, ihrem Stand entsprechend gut versorgt war, konnte sie sich einige Liebhabereien leisten. Die Belange des Haushalts und die Erziehung der Kinder wurden von ihrer Oberhofmeisterin beaufsichtigt, die über eine stattliche Anzahl von Hofdamen, Erzieherinnen, Personal für Leib- und Tischwäsche, Möbel und Bilder, bis hin zu den in der Hierarchie ganz unten stehenden Ofenbesorgern, den für die

Lampen Zuständigen, und die Nachttopfträgerin befehligte. Sophie war so unabhängig, dass sie mehrere größere Reisen unternehmen konnte, zweimal sogar bis nach Italien. Sie besuchte Norderney und die Bergwerksstollen im Harz. Gemeinsam mit ihrer Nichte Lieselotte von der Pfalz fuhr sie durch Holland und Frankreich, um die dortige Schloss- und Gartenbaukultur zu studieren. Da das Reisen zur damaligen Zeit sehr beschwerlich war, denn die Kutschen hatten nur eine ungenügende Federung, versuchte sie möglichst das Schiff oder eine Sänfte zu benutzen. Zeitweilig gehörten zu ihrer Begleitung bis zu zweihundert Personen, die alles zur Bequemlichkeit ihrer Fürstin taten.
Als vielseitig – auch naturwissenschaftlich – interessierte Frau schickte sie Leibniz auf verschiedene Forschungsreisen. War er in Hannover, wurde er oft zu Gesprächen ins Schloss geladen. Allerdings vergaß Sophie als typische Herrscherin des Absolutismus niemals die Standesunterschiede; an der fürstlichen Tafel durfte auch ein großer Philosoph und Universalgelehrter wie Leibniz nicht speisen. Er war nur ein, wenn auch herausragender, Bediensteter. Aber sie zog ihn immer wieder zu Rate.
Bereits Johann Friedrich hatte begonnen, das Vorwerk Haringehusen zu seiner Sommerresidenz auszubauen. Unter dem Namen Herrenhausen entstand hier ein Lustschloss mit einem Lust- und einem Küchengarten. Der Küchengarten des Schlosses wurde von Leibniz in Sophies Auftrag teilweise als botanischer Garten genutzt, um exotische Pflanzen zu kultivieren. Die Grundkonzeption des heutigen Berggartens geht darauf zurück. Der Lustgarten, von dem sie sagte „le jardin, c'est ma vie – der Garten ist mein Leben“ wurde von Gartenarchitekten aus Italien und Frankreich zu einem barocken Paradies ausgestaltet. Als Witwe verbrachte Sophie die Sommermonate ausschließlich in ihrem Herrenhausen, hier ging sie auch als alte Frau täglich weite Strecken spazieren. Bei

einem dieser Spaziergänge, die von den sie begleitenden Hofdamen eher als Gewaltmärsche empfunden wurden, starb sie am 8. Juni 1714 an einem Herzanfall. Im Garten erinnert heute ihr großes Standbild an diesen Ort.

Ernst August hatte zielstrebig versucht die 9. Kurwürde des Deutschen Reiches für Hannover zu erreichen, die ihm schließlich 1692 verliehen wurde. Er unterstützte den Kaiser in Wien politisch und finanziell, in Feldzügen gegen die Franzosen und Türken auch militärisch. Auch für Sophie war die Kurfürstenwürde mit einer Rangerhöhung verbunden. Sie unterschrieb ihre zahlreichen Briefe nun mit *Sophie Electrice*, konnte aber weder materielle noch machtpolitische Vorteile aus dem Titel *Kurfürstin* ziehen, denn die wichtigen Entscheidungen wurden stets von männlichen Familienangehörigen getroffen. Gegen den Widerstand Sophies und seiner jüngeren Söhne hatte Ernst August die Primogenitur durchgesetzt, die für die Kurfürstenwürde Voraussetzung war. Die Erstgeburtsordnung bedeutete die Übertragung des ungeteilten Erbes auf den ersten Sohn Georg Ludwig. Dieser Streit in Erbfragen führte zu einem tiefen, auch in der Zukunft fortdauernden Zerwürfnis zwischen dem Herrscherpaar. Ernst August zog sich von Sophie zurück und widmete sich umso intensiver seiner Mätresse Clara Elisabeth von Platen, der Ehefrau seines Premierministers. Die Kurfürstin zeigte allerdings auch hier Größe, als sie später die schwerkranke Geliebte ihres Gatten bis zu deren Tod täglich besuchte und tröstete. Frau von Platen (1648-1700) hatte mit 51 Jahren einen Schlaganfall erlitten, von dem sie sich nicht mehr erholte.

Den Besitz des Welfenhauses in Hannover durch kluge Heiratspolitik zu mehren, lag auch im Interesse Sophies. Dafür besuchte sie sogar ihren ersten Bräutigam Georg Wilhelm in seiner Residenz in Celle. Der hatte den von ihm gelobten Eheverzicht nicht eingehalten, sondern seine Geliebte Eleonore d'Olbreuse geheiratet, eine Hugenottin aus niederem Adel, beim Volk abfällig „die Französin" genannt und von Sophie als „Mausdreck im Pfeffer" bezeichnet. Da Eleonore d'Olbreuse eine ehrgeizige Frau war, gelang es ihr, nachträglich die Ehe legalisieren zu lassen und für sich sowie ihre einzige Tochter Sophie Dorothea den Rang einer Reichsgräfin zu erwirken. Titel und Wappen einer Herzogin von Braunschweig-Lüneburg ebneten der Erbin nun den Weg für eine Vermählung in ein hohes Fürstenhaus. Bereits als Dreizehnjährige hatte Georg Wilhelm dem Kurprinzen seine Tochter als ideale Verlobte angeboten, war jedoch abschlägig beschieden worden. Nun sah man in Hannover aus politischen Gründen über den dynastischen Makel der Braut hinweg. Die Vorteile einer Verbindung ließen alle Vorbehalte vergessen, bedeutete doch eine Eheschließung zwischen dem hannoveranischen Erstgeborenen, Georg Ludwig, und der Erbin des Fürstentums Braunschweig-Lüneburg einen Machtzuwachs. Ein Feilschen um Geld und Besitz begann. Sophie ließ bei ihrem Besuch in Celle erfolgreich alte Verbindungen spielen und umschmeichelte sogar Eleonore. Eine Zuwendung in Höhe von 10.000 Talern jährlich für den zukünftigen Schwiegervater der Braut, Ernst August, und die Überschreibung von Sophie Dorotheas gesamtem Grundbesitz bedeuteten zudem einen finanziellen Vorteil.

Sophie Dorothea war bei der Hochzeit, die am 2. Dezember 1682 ohne höfischen Prunk im Celler Schloss gefeiert wurde, gerade 16 Jahre alt. Als sie pflichtgemäß ein Jahr später den männlichen Erben gebar, hatte sie ihre wichtigste Aufgabe erfüllt. Ihr Gatte konnte sich nun wieder ohne Skrupel seinen Mätressen zuwenden. Sophie Dorothea war eine lebensfrohe und ausnehmend hübsche junge Frau, die von ihrer Mutter im Bewusstsein ihres Standes erzogen worden war. Im Widerspruch dazu stand ihre romantische Vorstellung einer

Liebesverbindung, sie wollte sich nicht mit den Seitensprüngen ihres Gemahls abfinden.
Am hannoverschen Hof diente der schwedische Graf Philipp Christoph von Königsmarck als Offizier. Sophie Dorothea und er kannten sich schon seit Kindertagen vom Celler Hof. Der schwedische Kavalier und Kriegsheld war jung, reich und verschwenderisch, er beschäftigte angeblich 29 Bedienstete und hielt 52 Pferde, zudem sah er blendend aus. Zahlreiche Affären wurden ihm nachgesagt. Auch die Gräfin von Platen, Ernst Augusts Mätresse, hatte eine kurze Affäre mit ihm gehabt. Dass er sich von ihr abwandte, hat sie ihm nie verziehen. Beim Karnevalstreiben 1690 fanden Sophie Dorothea und Königsmarck Gefallen aneinander. Zahlreiche glühende, verschlüsselte Liebesbriefe sind noch erhalten und dokumentieren diese mehr als vier Jahre dauernde *affair serjos*, wie Königsmarck selbst sie nannte. Beide schmiedeten sogar Fluchtpläne. Schließlich war man bei Hofe weniger denn je bereit, über die Angelegenheit hinwegzusehen. Es fehlte nicht an Warnungen, die aber die Liebenden nicht zur Kenntnis nehmen wollten. Sicherlich war es auch Clara Elisabeth von Platen, die von Königsmarck Verschmähte, die nun Rachegefühle hegte und deshalb den Kurfürsten drängte, der Affäre ein Ende zu setzen.
Königsmarcks Besuch bei Sophie Dorothea am Abend des 11. Juli 1694 wurde ihm zum Verhängnis. Man hatte ihn unbewaffnet in leichter Sommerkleidung ins Schloss gehen sehen, aber nie wieder herauskommen. Die Gerüchteküche begann zu brodeln, als am nächsten Tag die Schlosstore verschlossen wurden und keine Nachrichten nach außen drangen. Was wirklich geschah, blieb im Dunkeln. Als sicher erwies sich später, dass Königsmarck von vier Angehörigen des Hofes gestellt und von einem von ihnen, dem italienischen Grafen Nicoló Montalban, getötet wurde. Ob es sich dabei um vorsätzlichen Mord oder einen Unglücksfall handelte, ist

nicht mehr aufzuklären. Alle vier erhielten eine großzügige Geldzuwendung aus der Hofkasse. Sämtliche Unterlagen zur Sache Königsmarck und der anschließenden Scheidung des Kurprinzenpaares wurden aufgrund höchster Anordnung vernichtet. Königsmarcks Leiche wurde nie gefunden, sie lag vermutlich, in einen Sack gesteckt und mit Steinen beschwert, in der Leine.

Schon 16 Tage nach dem Verschwinden ihres Geliebten brachte man Sophie Dorothea in den Amtshof Ahlden bei Celle, wo sie mit wenigen kurzen Unterbrechungen bis zu ihrem Lebensende am 13. November 1726 streng bewacht gefangen blieb. Ihr Kammerfräulein Eleonore von dem Knesebeck, gleichzeitig ihre verschwiegene Vertraute und unentbehrliche Helferin beim Geheimhalten der Besuche Königsmarcks, wurde ebenfalls verhaftet. Sie setzte man auf der Burgfestung Scharzfels gefangen. Ihre Familie versuchte vergeblich, ein ordentliches Gerichtsverfahren für sie zu erreichen, bot auch 100.000 Taler als Kaution für ihre Freilassung, aber alle Bemühungen blieben erfolglos. Mit einer wagemutigen List gelang es schließlich einem Dachdecker, der mit einer großen Summe Geldes bestochen worden war, ein Loch durch die Zimmerdecke zu bohren, sich das Fräulein an seinen Körper zu binden und sich mit ihm über eine hohe, steile Felswand abzuseilen.

Als die Wachleute Stunden später die Flucht entdeckten, war die Gefangene schon längst von einer Gruppe wartender Reiter an einen weit entfernten, sicheren Ort verbracht worden. Eleonore von dem Knesebeck gelang es, bis nach Wien zu kommen, wo sie einen kaiserlichen Schutzbrief erwirkte. Er ermöglichte ihr die Rückkehr in ein Dorf bei Braunschweig, dort soll sie 1717 gestorben sein. Ihre Treue wurde ihr von Sophie Dorothea und deren Familie nicht gedankt, lediglich ein paar Mal erhielt sie kleine Geldzuwendungen, sie fristete ihr Leben eher kümmerlich.

Kurfürstin Sophie brachte kein Verständnis für das Verhalten ihrer Schwiegertochter auf, sie äußerte sich in einem Brief an ihre Nichte Lieselotte in Versailles sogar sehr abfällig: „Welchen Herrn findt man in der Welt, so allein seine Gemahlin liebt, und nicht was anderes, es seien Maitressen oder Buben. Sollten deswagen ihre gemahlinnen auch so übel leben, könnte niemand sicher sein, dass die Kinder im haus die rechten Erben wären. Weiß diese herzogin nicht, dass die Ehre der Weiber darin liegt, mit niemand als mit ihren Männern zu tun zu haben, und dass es den Männern keine Schande ist, Maitressen zu haben, aber wohl Hahnreie zu sein?"
Im Scheidungsverfahren betonte die Kurprinzessin ausdrücklich, dass sie keine Aussöhnung mit Ihrem Gatten wolle. Das Scheidungsurteil erging am 7. Januar 1695. Sophie Dorothea wurde „vorsätzlicher und böswilliger Desertation und Verweigerung der ehelichen Beiwohnung" für schuldig befunden. Sie konnte sich nicht vorstellen, dass für sie nun eine lebenslange Haft anbrechen sollte. Zwar billigte der hannoversche Hof ihr einen großen Hofstaat zu, aber ihre Bewegungsfreiheit war auf den engen Bereich des Schlosses begrenzt. Erst in späteren Jahren durfte sie mit einem Kutschwagen auf einem genau bezeichneten Weg ausfahren. Die Dorfbevölkerung sah sie in wilder Fahrt dahinjagen. Ihr Vater verweigerte jeden Kontakt zu ihr, Eleonore d'Olbreuse wurde einige Male gestattet, ihre Tochter in der Haft zu besuchen. Bis zu ihrem Tod lebte sie als Staatsgefangene, im Volksmund bekannt als „Prinzessin von Ahlden", und verbüßte eine 32 Jahre bis zu ihrem letzten Atemzug am 13. November 1726 dauernde Strafe. Alle Vorschriften, nach denen sich die Wachmannschaften richten mussten, bezogen sich nur auf die lebende Sophie Dorothea. Für den Fall ihres Todes war nicht vorgesorgt. So legte man die Tote einfach in einen Bleisarg, den man im Keller deponierte. Erst im Jahr 1727 kam vom Königshof aus London die Anweisung, sie auf dem Friedhof

von Ahlden zu begraben. Da das aber wegen wochenlanger, schwerer Regenfälle unmöglich war, fand sie schließlich ihre letzte Ruhestätte in der Fürstengruft der Stadtkirche in Celle. Ihr Sarg ist der schlichteste der dort aufgestellten.

Ihre beiden Kinder wurden in Hannover erzogen. Der Sohn Georg August (1663-1760) folgte seinem Vater 1727 auf den englischen Thron. Mit dem Vater hatte er in erbittertem Streit gelegen, die Mutter hingegen verehrte er, ohne sie je wiedergesehen zu haben. Auf seine Initiative geht die Gründung der Universität Göttingen, der Georgia Augusta im Jahr 1737, zurück. Sie ist die älteste Universität Niedersachsens und wurde im Geiste der Aufklärung ins Leben gerufen.

Sophie Dorotheas Tochter (1687-1757), die den gleichen Namen trug, wurde 1706 mit Friedrich Wilhelm I, König von Preußen, vermählt, sie wurde die Mutter Friedrichs des Großen. Mit Kurfürstin Sophie, ihrer Großmutter, tauschte sie zahlreiche Briefe. Die Schreiben lassen eine große Vertrautheit zwischen den beiden Frauen erkennen, andererseits ist sich Sophie durchaus bewusst, dass sie in ihrer Enkelin eine Königin anspricht. Ein Jahr vor ihrem Tod bedankte sie sich in Berlin für eine Haube und ein Bild, das ihr geschickt werden sollte. Am 27. Dezember 1713 schrieb sie: „...Ich habe Ihnen tausendmal für die schöne Haube zu danken, die Sie mir geschickt haben. Wir haben hier so etwas nicht und schwarze Hauben sind allzeit mein Schmuck. Ich werde diese nicht tragen, ohne zu gedenken, daß sie ein jüngeres Haupt schmücken sollte als das meine und daß ich Eurer Majestät verbunden bin, mich ihrer noch für wert erachtet zu haben. Der kleine Lord und seine Leute... haben mir gesagt, daß Eure Majestät sich wieder pudern, daß ich Sie aber auf Ihrem Bild mit Ihrem natürlichen Teint sehen werde, was mir viel Freude machen wird..."

Dabei war es letztlich Kurfürstin Sophie, der Hannover die Personalunion mit England zu verdanken hatte. Als Enkelin

des englischen Königs Jakob I. stand sie in der Thronfolge zuerst an nachgeordneter Stelle. Das Ende der konfessionellen Auseinandersetzungen in England, in deren Folge Wilhelm von Oranien die *Bill of Rights* und damit die Rechte des Parlaments anerkannte, bedeuteten, dass nur noch protestantische Herrscher auf dem englischen Thron regieren durften. Sophie nahm nun den zweiten Platz in der Thronanwartschaft ein. Die Sukzessionsurkunde von 1701 lautet in einer zeitgenössischen Übersetzung so: „Wir geistliche und weltliche Lords und Communen, in diesem gegenwärtigen Parlament versammlet..., samt denen vom Unterhause... stellen wirklich fest und deklarieren, daß die Durchlauchtigste Princessin Sophia und dero Leibserben die nächste in der Succession in der Protestantischen Linie zu der Kayserlichen Cron und Würde gedachter Königreiche Engelland, Franckreich und Irrland sambt denen zu gehörigen Herrschaften und Gebieten... seyn und verbleiben sollen."
Dieser *Act of Settlement*, die Thronnachfolgeurkunde, wurde der Kurfürstinwitwe am 15. August 1701 im Leineschloss überreicht. Ernst August war 1698 gestorben und beider Sohn Georg Ludwig Kurfürst geworden. Sophie behielt einige Repräsentationspflichten bei. Sie war jetzt 71 Jahre alt und bei bester Gesundheit, vielleicht rechnete sie sich wirklich eine Chance aus, zur englischen Königin gekrönt zu werden. Das feierliche Zeremoniell anlässlich der Überreichung des Dokuments ist dokumentiert. Als Überbringer der Urkunde war der Earl of Macclesfield ausgewählt worden, da dessen Vater sich Verdienste um das Welfenhaus erworben hatte. Er selbst war eine skandalumwitterte Person. Er galt als harter Trinker, hatte sich aber vorgenommen, bei dieser wichtigen Angelegenheit nüchtern zu bleiben. Die englische Delegation, sie umfasste 70 bis 80 Personen, fuhr mit sechsspännigen Karossen vor. Der offizielle Akt war kurz, Macclesfield überreichte nach einem Kniefall die Urkunde und verabschiedete

sich mit einem Handkuss. Am Abend fanden ein großes Bankett, bei dem Sophie in einem vergoldeten Armsessel unter einem Thronhimmel saß, und anschließend ein Ball statt. Während der Dauer des englischen Besuches wurden „täglich zwei Tafeln glänzend serviert. Geschirr von Gold und Silber zeigte die köstlichsten Leckerbissen, und Rheinwein, Burgunder und Champagner flossen in Strömen. Auch wurden beständig Kutschen und Sänften bereit gehalten, um die Herren zum Schlosse, zu Bällen, Schauspielen, Concerten, Feuerwerken und sonstigen Lustbarkeiten zu bringen". Der kurfürstliche Hof wollte sich in jeder Hinsicht gewandt und weltoffen präsentieren und ließ allen Gästen das Frühstück ans Bett servieren. Das hielt man in Hannover für besonders englisch. In der Stadt sorgte dieses herausragende Fest, das sich von der sonst eher schlichten Hofhaltung abhob, für großes Aufsehen. Allerdings war es ein Gerücht, dass das angeblich mit einem Aufwand von 100.000 Talern finanzierte Ereignis die Staatskasse ruiniert hätte. Die tatsächlichen Kosten betrugen lediglich ein Drittel davon.

Schon wenige Wochen nach Sophies Tod am 8. Juni 1714 starb in London die regierende Königin Anne ohne Erben. Den englischen Thron bestieg Sophies Sohn Georg Ludwig als George I., damit begann die 123 Jahre dauernde Personalunion zwischen Hannover und dem Königreich Großbritannien. Georg Ludwig reiste mit großem Gefolge nach London, begleitet von seiner Mätresse Ehrengard Melusine von der Schulenburg (1667-1743). Er verlieh ihr zwei Jahre nach der Ankunft die irischen Titel Duchess of Munster, Marchioness and Countess of Dungannon, und Baroness Dundalk, später hob er sie in den Rang einer Duchess of Kendal, Countess of Feversham und Baroness Glastonbury. In Großbritannien war sie nicht beliebt. Zeit seines Lebens fühlte sich Georg Ludwig dem Kurfürstentum Hannover mehr verbunden als dem britischen Königreich, zumal er nur ein sehr mangelhaf-

tes Englisch sprach. Sein Stammland hat er mehrfach besucht, auf einer dieser Reisen verstarb er 1727 in Osnabrück. Seine in Hannover begonnene und von der Krönung nicht unterbrochene Bautätigkeit am Leineschloss und in dessen Umgebung belegen heute noch das Zeughaus am Hohen Ufer und das Marstalltor, der Eingang zu seinem Pferdestall.
Neben Sophie Dorothea der Jüngeren wurden auch andere hannoversche Prinzessinnen nach Berlin verheiratet. Sophie Charlotte (1668-1705), die einzige Tochter der Kurfürstin Sophie, heiratete 1684 in Schloss Herrenhausen den späteren König Friedrich I. von Preußen. Sie war, wie ihre Mutter, eine intelligente Frau und ebenso wie diese Brief- und Gesprächspartnerin von Leibniz. Er schätzte sie sehr und sagte einmal zu ihr: „Es ist gar nicht möglich, Sie zufrieden zu stellen. Sie wollen das Warum des Warum wissen". Der Gründungsentwurf für die *Sozietät der Wissenschaften* in Berlin, später die *Berliner Akademie der Wissenschaften*, wurde 1700 in Hannover im Schloss Herrenhausen unterzeichnet. Der Anstoß zur Gründung dieser wissenschaftlichen Gesellschaft kam von Sophie Charlotte und Leibniz gemeinsam.
Nicht einmal 100 Jahre später, zu Weihnachten 1793, fand die Doppelhochzeit zweier Prinzessinnen aus dem Hause Mecklenburg-Strelitz mit zwei preußischen Prinzen statt. Die Ältere, Luise (1776-1810) heiratete am 24. Dezember den preußischen Thronfolger, den späteren König Friedrich Wilhelm III., ihre Schwester Friederike (1778-1841) wurde zwei Tage später mit seinem jüngeren Bruder Ludwig vermählt.
Beide Mädchen waren Töchter des Herzogs Karl von Mecklenburg-Strelitz, im Auftrage des englischen Königs George III. Gouverneur in Hannover. Er wohnte mit seiner Familie von 1768 bis 1786 im Alten Palais, Leinstraße 29, direkt gegenüber dem Schloss, wo Luise und Friederike auch geboren wurden. Nach dem frühen Tod der Mutter, 1782, schickte der

Herzog seine Töchter zur Großmutter. So wuchsen sie bei der Landgräfin Luise von Hessen-Darmstadt auf.
Der Berliner Bildhauer Gustav von Schadow stellte die sich aneinander schmiegenden Prinzessinnen in einem Doppelporträt dar. Das Original befindet sich auf der Berliner Museumsinsel, eine überlebensgroße Kopie aus Marmor steht in der Hohenzollernstraße zur Yorckstraße hin. Das Denkmal wurde der Stadt 1910, anlässlich des 100. Todestages von Königin Luise von Preußen, von Kaiser Wilhelm II. geschenkt. Es sollte ein Zeichen der Versöhnung zwischen den Welfen und den in Hannover verhassten Preußen sein, die es 1866 annektiert hatten. Obwohl es die Prinzessinnen darstellt, wird es in Hannover Königinnendenkmal genannt. 2005 wurde das Standbild gereinigt und saniert, seit Anfang des Jahres 2008 steht davor eine gut lesbare Tafel mit Erläuterungen.
Während Luise zwar eine glückliche Ehe führte, aber bereits mit 34 Jahren starb, war die Ehe Friederikes mit Ludwig schwierig. Friederike galt seinerzeit als „die schönste Prinzessin Europas“, so jedenfalls berichtete es ein französischer Diplomat nach Hause. Die adeligen Männer ihrer Zeit lagen ihr zu Füßen. Friederike genoss die Bewunderung und ein Leben in großem Stil. Die lebenslustige Prinzessin wandte sich nach dem frühen Tod ihres Ehemannes schnell anderen schmucken Kavalieren zu, ihr wurden Affären nachgesagt. Am 7. Januar 1799 heiratete Friederike in zweiter Ehe Friedrich Prinz von Solms-Braunfeld. Aber auch diese Ehe stand unter keinem guten Stern. Im Januar 1814 wurde, nach königlicher Genehmigung, die Ehe geschieden. In einer durchaus modernen Konsensentscheidung trennten sich die Eheleute wegen unüberwindlicher Abneigung, nachdem sie eine Vereinbarung zur Regelung der finanziellen Ansprüche und der Erziehung ihrer vier gemeinsamen Kinder getroffen hatten.

Königinnendenkmal an der Eilenriede, Hohenzollernstraße

Friederike war 37 Jahre alt, als sie 1815 ihre dritte Ehe schloss. Sie galt zwar nach der Ehescheidung nicht mehr als eine „gute Partie", dennoch warb Ernst August, Herzog von Cumberland, um sie. Schon in der Jugendzeit Friederikes hatte er zu ihren Verehrern gehört, sie aber hatte ihn abgewiesen. Inzwischen war er 44 Jahre alt und immer noch unverheiratet. Das englische Königshaus brachte ihr als geschiedener Frau dennoch große Vorbehalte entgegen. Erst nach dem Tode von Prinz Solms am 13. April 1814 war endlich der Weg zur Eheschließung frei. Am 29. Mai 1815 fand die Zeremonie in Strelitz statt, die am 29. August 1815 in London nach anglikanischem Ritus wiederholt wurde. Das Glück des Paares schien perfekt, als 1819, nach der Totgeburt einer Tochter, der Sohn Georg geboren wurde.

Ernst August hatte, als fünfter von sechs Söhnen, eigentlich keine Aussicht auf eine politische Karriere, er pendelte zwischen den beiden Ländern der Personalunion und lebte mal in Hannover, mal in England. Aber durch Todesfälle im regierenden Königshaus und die unterschiedlichen Erbfolgeregeln in England und Hannover drehte sich das Rad der Geschichte. Als am 20. Juni 1837 Viktoria den englischen Thron bestieg, endete die Personalunion beider Länder. In Hannover hatte eine Frau erst dann Anspruch auf den Thron, wenn die männliche Linie gänzlich ausgestorben war. Während in London die Nichte des verstorbenen Königs Wilhelm IV. (1765-1837) gekrönt wurde, war es in Hannover sein jüngerer Bruder. Bereits vier Monate nach seinem Einzug in Hannover setzte der schon 63 Jahre alte und konservative König das liberale Staatsgrundgesetz außer Kraft. In einem Akt zivilen Ungehorsams protestierten sieben Göttinger Professoren dagegen und wurden ihrer Ämter enthoben. Ernst August nahm diesen Willkürakt zwar zurück, aber erst 1848 erhielt Hannover wieder eine relativ fortschrittliche Verfassung.

Friederike starb schon 1841 in demselben Zimmer im Alten Palais, in dem sie 63 Jahre zuvor das Licht der Welt erblickt hatte. Für Ernst August war Friederike „alles in dieser Welt“, er hat ihren Tod nie verwunden. Hofbaumeister Georg Ludwig Friedrich Laves (1788-1864) wurde von ihm mit dem Bau eines Mausoleums für seine Gemahlin und sich im Berggarten von Schloss Herrenhausen beauftragt. Außerdem ordnete er die Umgestaltung eines zentralen Platzes in Hannover in der Nähe des Leineschlosses und seine Umbenennung in Friederikenplatz an. Der Platz trägt diesen Namen noch heute. Das Friederikenschlößchen in seiner Nähe wurde, obwohl es die Zerstörungen des Zweiten Weltkrieges überstanden hatte, 1966 abgerissen. Königin Friederike ist die Namenspatronin des Krankenhauses Friederikenstift.

Ernst August starb 1851, sein Sohn Georg, verheiratet mit Marie, Prinzessin von Sachsen-Altenburg (1818-1907), folgte ihm in der Regierung. Georg V. war der letzte König von Hannover, 1866 endeten nach der Annektierung durch Preußen mehr als 800 Jahre Welfenherrschaft. Das Königspaar ging ins Exil. Nach dem Tod Georgs, 1878, wählte Königin Marie die Villa Thun im österreichischen Gmunden als Witwensitz. Die *Villa Königin von Hannover* ist noch heute im Besitz des Hauses Hannover. Georg V. ließ Schloss Marienburg in Pattensen bei Hannover erbauen, dieses Geschenk an seine Ehefrau Marie trägt ebenfalls den Namen der letzten Königin von Hannover.

Literaturhinweis:

Ditsche, Ute: „Jeder will sie haben", Friederike von Mecklenburg-Strelitz. Regensburg, Pustet 2004.

Knoop, Mathilde: Kurfürstin Sophie von Hannover. Hildesheim, August Lax 1969.

Rohr, Alheidis von: Sophie, Kurfürstin von Hannover; Standesbewusst und lebensklug. In: Sophie & Co. Bedeutende Frauen Hannovers. Biograph. Porträts hrsg. von Hiltrud Schröder. 2. Aufl. Hannover 1996, S. 29-43.

Schnath, Georg (Hrsg.): Briefwechsel der Kurfürstin Sophie von Hannover. Berlin, Koehler 1927.

Walter, Jürgen: Sophie Dorothea, Kurprinzessin von Hannover. Ein höfischer Skandal. Mühlacker, Stieglitz Verl. 2006.

Die Muse – Werthers Lotte

An Lotten

Wenn einen seelgen Biedermann
Pastor oder Rathsherrn lobesam
Die Wittib lässt in Kupfer stechen
Und drunter ein Verslein radebrechen
Da heißt's:
„Seht hier von Kopf und Ohren
Den Herrn hochwürdig, wohlgeboren
Seht seine Augen und seine Stirn
Aber sein verständig Gehirn
So manch Verdienst ums gemeine Wesen
Könnt ihr ihm nicht an der Nase lesen."

So liebe Lotte heißt's auch hier
Ich schicke meinen Schatten dir
Magst wohl die lange Nase sehn,
Der Stirne Drang der Lippe Flehn
's ist ohngefähr das garst'ge Gesicht
Aber meine Liebe siehst du nicht.

Im August 1774 schickte Johann Wolfgang Goethe, gemeinsam mit seinem Schattenriss, diese Liebesverse an seine Angebetete Charlotte, seit beinahe anderthalb Jahren Ehefrau seines Freundes Johann Christian Kestner und Mutter eines

wenige Monate alten Sohnes, Georg, dessen Patenschaft Goethe übernommen hatte.
Mochte man über das Liebesgedicht noch hinwegsehen können, eine alsbald folgende literarische Arbeit des Dichters führte zum Skandal. Zur Leipziger Herbstmesse des Jahres 1774 befand sich unter den Neuerscheinungen ein Buch mit dem Titel *Die Leiden des jungen Werthers* von einem anonymen Verfasser. Doch war dem Lesepublikum schnell möglich, die Titelfigur zu erkennen, eben jenen Johann Wolfgang Goethe, gerade bekannt geworden durch seinen *Götz von Berlichingen.* Zu den anderen Figuren im Roman ließen sich ebenfalls lebende Vorbilder finden. Die vom unglücklichen Werther geliebte Lotte war niemand anders als die älteste Tochter des Deutschordensamtmannes Buff aus Wetzlar, jetzt Frau Kestner; und auch ihr Ehemann, Archivsekretär in Hannover, wurde als Verlobter jener Lotte, Albert, durchaus treffend dargestellt.
Zwar hatte Goethe in Briefen an die Kestners immer wieder von der gemeinsam erlebten glücklichen Zeit in der Vergangenheit gesprochen. Schon im Voraus hatte er um Verständnis gebeten, sich nicht an Dingen zu stoßen, die in einem Roman zu finden sein würden. Alles sei erfunden, beteuerte er.
Und nun war dieser Roman erschienen! Er schilderte die unerfüllte Liebe Goethes zu Charlotte Buff. Im Sommer 1772 hatte der Dichter ein paar Wochen in Wetzlar bei seinem Freund und Studienkollegen Johann Christian Kestner verbracht. Einmal hatte er Charlotte zu einem Tanzvergnügen ins Jägerhaus Volpertshausen begleitet, auf ausdrücklichen Wunsch Johann Christian Kestners, der erst spät am Abend nachkommen konnte. So heftig war Goethes Liebe nach der durchtanzten Nacht zu Kestners heimlicher Verlobten entbrannt, dass er sich fluchtartig aus dem Staube machte.

Charlotte hatte nach dem frühen Tod der Mutter – sie war nach 20 Ehejahren und der Geburt von 16 Kindern mit 39 Jahren gestorben – deren Pflichten übernehmen müssen. Als älteste Tochter versorgte Charlotte nun wie selbstverständlich den väterlichen Haushalt und die jüngeren Geschwister. Der Deutschordensamtmann Buff musste für eine große Familie aufkommen, eine Entlastung des Budgets erfolgte durch zahlende Essensgäste am Mittagstisch. Auf diese Weise war der Gerichtspraktikant am Kammergericht, Johann Christian Kestner, ins Haus gekommen und hatte sich bald in die hübsche und fröhliche Charlotte verguckt.
Kurz nach ihrer Hochzeit, 1773, war das Ehepaar Kestner nach Hannover gezogen. Nach dem Erscheinen des *Werthers* bewegten sie sich in der hannoverschen Gesellschaft als wandelnde literarische Denkmäler. Neben dem Werther-Kult, der junge Männer in den Selbstmord trieb, gab es auch einen Lotte-Kult. Charlotte Kestner konnte ihr Bild auf Fächern, Kaffeetassen oder sogar Regenschirmen finden. Während es für den Hofbeamten Johann Christian Kestner eher kompromittierend war, als der „Albert" aus dem Roman erkannt zu werden, bemerkte Charlotte schnell auch die positiven Seiten. Ein Bezug zu dem berühmter werdenden Dichter Goethe konnte nützlich sein. Sie hat später bewusst diese Verbindung gepflegt, um für sich und ihre Kinder Vorteile daraus zu ziehen.
Für Charlotte bedeutete der Umzug in den Norden eine einschneidende Veränderung. Sie war im kleinen und beschaulichen Wetzlar aufgewachsen, nun musste sie sich an das Leben in einer Residenzstadt gewöhnen. Hannover und England verband seit 1714 eine Personalunion. Der englische König George I. (1660-1727) und auch seine Nachfolger, Herrscher aus dem Hause der Welfen, regierten beide Länder, die staatsrechtlich unabhängig blieben, von London aus. Im Kurfürstentum Hannover wurden sie durch das „Geheime

Ratskollegium“ vertreten, dessen Befugnisse in einem Regierungsreglement festgelegt waren. Seine Amtsgewalt war beträchtlich, es entschied über administrative und legislative Angelegenheiten, während dem König militärische Entscheidungen vorbehalten blieben. Die Rechte des Geheimen Rates waren weit reichend. Ob ein Problem zur Entscheidung nach London berichtet werden musste oder es in Hannover direkt gelöst werden konnte, war vom Ratskollegium selbst zu beschließen. Mit zunehmender Dauer der Personalunion lockerten sich die Beziehungen. George III., der von 1760-1820 regierte, besuchte Hannover während dieser Zeit kein einziges Mal. 1773, als Charlotte und Johann Christian Kestner nach Hannover kamen, war die Regierung in England in erster Linie damit beschäftigt, die Probleme mit den Kolonien in Amerika zu lösen, die in der Boston-Tea-Party im Mai eskalierten. Hannover wurde kaum beachtet.

Die Bevölkerung der etwa 15.000 Einwohner zählenden Stadt teilte sich streng in verschiedene Klassen. Die herrschende „erste Klasse“ bildeten die Adeligen mit ererbtem Adelsrang. Ausgestattet mit einer, wie sie glaubten, gottgewollten Vorrangstellung, materiell gesichert durch großen Grundbesitz und von nur geringen Steuern belastet, besetzten die Angehörigen dieser Schicht die höchsten Staatsämter und regierten beinahe absolutistisch. Sie gehörten zu den Privilegierten und Reichsten der Stadt, denn neben den Einkünften aus großen Ländereien erhielten sie eine stattliche Entlohnung von mehreren tausend Reichstalern jährlich. Ihre auf Höherwertigkeit begründete Stellung war damit unangefochten, sie bewegten sich fast ausschließlich in ihren Kreisen. Der Freiherr von Knigge charakterisierte sie folgendermaßen: „So sind denn die unnützesten Bürger die vornehmsten und reichsten, und die, welche mit ihrer Hände Arbeit den Staat aufrecht erhalten, verachtet und dürftig“. Seine Kritik äußert sich in der Aufforderung an die Fürsten: „Ehret alle nützlichen Stände und leidet nicht, dass sich gewisse Classen privilegiert glauben, durch Hochmut, Unwissenheit und Müßiggang sich über fleißige und bessere Menschen zu erheben".

Da der englische König in seiner Eigenschaft als hannoverscher Kurfürst fähige Männer mit fundierten Kenntnissen zur Bewältigung der Staatsgeschäfte benötigte, setzte er entsprechende Regelungen in Kraft. Ein Staatsamt durfte nur noch bekleiden, wer den erfolgreichen Abschluss eines Studiums durch Zeugnisse belegte. So entstand der Neuadel. Die Inhaber von hohen Diensträngen, die sie durch qualifizierte Arbeit in der Verwaltung erreicht hatten, waren formal zwar zur ersten Klasse gehörig, verkehrten aber eher mit den wohlhabenden Bürgern. Sie hatten durch Leistung ihre Position erreicht und wurden deshalb von den Erbadeligen nicht als gleichwertig angesehen.

Die Schicht der wohlhabenden Bürger, die „zweite Klasse", hatte sich durch Einkommen, Vermögen oder „Familienconnexionen", sprich Beziehungen, den Zugang zu Hofkreisen verschaffen können. Zu diesen *Hübschen Familien*, zählten die Inhaber leitender, öffentlicher Ämter und Beamtenstellen am Hofe. Auch die Familie Kestner war eine *Hübsche Familie.* Johann Christian Kestner hatte als Hofbeamter schnell die Karriereleiter erklommen, war vom Archivsekretär über den Rat zum Hof- und Kanzleirat aufgestiegen und schließlich zum Vizearchivar ernannt worden. 1790 und 1792 wurde er als Legationssekretär zur Kaiserwahl nach Frankfurt entsandt. Die Geschicke der Stadt Hannover bestimmte eine Minderheit von nicht einmal zehn Prozent der Bevölkerung aus den ersten beiden Ständen.

Die „dritte Klasse" bildeten Kaufleute, Manufakturbesitzer, Ärzte, Apotheker und selbstständige Handwerker. Auch die Pfarrer gehörten dazu, denn sie hatten das Privileg der freien Wohnung und waren von der Steuerpflicht befreit, so dass sie einen gewissen Wohlstand erreichten.

Die zahlenmäßig größte Schicht, etwa fünfzig Prozent der Bevölkerung, bildeten als „vierte Klasse“ Handwerker, Händler, Soldaten, Arme und Dienstboten. Hier standen die Frauen, die Dienstmädchen, ganz unten in der Hierarchie. Familien, die zu diesem Kreis gehörten, mussten oftmals mit weniger als 400 Reichstalern jährlich auskommen. In einem Aufsatz von 1796 ist zu lesen, dass für einen Haushalt ein Jahreseinkommen von 400 bis 500 Reichstalern notwendig sei. Ein großer Personenkreis hatte somit nicht einmal das Existenzminimum zur Verfügung. Das führte zu Verelendung weiter Kreise, die Gefährlichkeit des *Branntweinteufels* wurde als ein soziales Problem erkannt.
Auf allen Stufen der Gesellschaft spielten Frauen eine untergeordnete Rolle. Akademische Studien und Bildung und die darauf bauenden Berufe waren ihnen ebenso verschlossen wie das Handwerk. Allenfalls in den höchsten Gesellschaftskreisen hatten sie eine etwas freiere Stellung. In den Augen vieler Konservativer widersprach allerdings schon das der Hauptbestimmung des Weibes.
Charlotte Kestner hatte keine Schwierigkeiten, den an sie gestellten Anforderungen zu genügen. Ohne Allüren, wie sie Damen des Hofes nachgesagt wurden, erfüllte sie ihre Rolle als verständnisvolle Ehefrau, vorbildliche Mutter und Hausfrau. Sie war geschmackvoll und kultiviert gekleidet, befriedigte gewisse geistige Ansprüche und wusste sich in den Kreisen ihrer Klasse angemessen zu bewegen. Dass es ihr manchmal an der in Hannover gebotenen Zurückhaltung fehlte, sah man *Werthers Lotte* gerne nach. Nach einigen Jahren hatte sie gesellschaftliche Anerkennung erworben, weil sie die Spielregeln beherrschte und einen Ehemann in einer guten beruflichen Position hatte. Die Verbindung zu Goethe, ihre literarische Reputation, kam ihr ebenfalls zugute. Auch in ihrer Rolle als Mutter erfüllte sie ihre Pflichten vorbildlich. Innerhalb der ersten sechs Ehejahre gebar sie fünf Söhne, die

Zahl der Kinder wuchs in 27 Ehejahren auf zwölf. Ihre acht Söhne meisterten ihr Leben erfolgreich, zwei Töchter starben im Kindesalter, die beiden anderen blieben unverheiratet und litten unter Phasen von Schwermut. Über psychische Belastungen dachte man zu jener Zeit noch nicht nach. Aus heutiger Sicht stellt sich vielleicht die Frage, ob sie durch eine übermächtige Mutter erdrückt wurden. Obwohl sie ein herzliches Verhältnis zu ihren Kindern hatte, ließ sich Charlotte Kestner ihr Leben lang in der dritten Person ansprechen und legte Wert auf konsequente Zucht bei der Erziehung.
Bei der Wahl der Taufpaten für ihre größer werdende Nachkommenschaft ging sie mit großer Klugheit vor. Sie wählte Personen aus, die über eine gute gesellschaftliche Stellung mit entsprechenden Beziehungen und ein ansehnliches Vermögen verfügten. Die Gevattern hatten zur damaligen Zeit nicht nur eine religiöse und moralische Verpflichtung gegenüber einem Kind, sondern im Todesfall der Eltern auch eine finanzielle. Goethe stand für den ersten Sohn Georg Pate, seine Mutter, die Frau Rätin Elise Goethe, für die zweite Tochter Charlotte.
Nachdem das jung verheiratete Paar bei seiner Ankunft in Hannover zwei Jahre lang im Hause der Schwiegermutter in der Aegidienstraße 5 gelebt hatte und anschließend noch mehrmals umgezogen war, fand sich schließlich im Jahr 1784 eine angemessene Wohnung. Mit inzwischen sieben Kindern zog die Familie in die Große Wallstraße 355, in eine neue, gehobene Wohngegend.
Bereits etwa zwanzig Jahre zuvor hatte man in Hannover begonnen, die Festungsanlagen abzutragen und die Wälle zu schleifen, es entstanden moderne Häuser an breiten Promenaden mit Alleen. Die neu gebaute Aegidienvorstadt entwickelte sich schnell zu einem bevorzugten Beamtenquartier. Ein Schild an dem Gebäude am heutigen Georgswall, das an der Stelle des im Zweiten Weltkrieg zerstörten gebaut wurde,

Charlotte Kestner, geb. Buff (1753-1828). Ölbild von Chr. Ahrbeck, nach Hansen, um 1930

erinnert daran, dass hier *Werthers Lotte* gewohnt hat. Erst 1820 hatte Charlotte Kestner, bei der nur noch die unverheiratete

Tochter Clara lebte, diese Wohnung verlassen, um in ein eigenes Haus zu ziehen. Es war das Haus Aegidienstraße 4, das Nachbarhaus ihrer ersten Wohnung bei der Schwiegermutter.
Kurz nach dem Umzug in ihre Komfortwohnung erwarb Johann Christian Kestner ein Gartengrundstück. Inmitten von Obstbäumen und Gemüsebeeten besaß die Familie nun auch eine Sommerwohnung. Es wurde Kleinvieh gehalten, daneben Schweine und eine, manchmal zwei Kühe. Nachdem ein Fischteich angelegt worden war, konnte die Familie Kestner weitgehend autark leben, sogar Seife und Kerzen entstanden in eigener Herstellung.
Diese unabhängige Haushaltsführung rettete Charlotte und ihre Familie über die Zeit der napoleonischen Besatzung. Nachdem England Frankreich am 18. Mai 1803 den Krieg erklärt hatte, wurde die Stadt Hannover schon Anfang Juni von Napoleons Truppen besetzt. Die englische Staatskasse war leer, die Gehälter für die bei Hof beschäftigten Beamten wurden daher einfach ausgesetzt. Auch Charlotte, seit 1800 Witwe, wurde die Witwenpension gestrichen. In Zeiten politischer Wirren mit mehrmals wiederkehrender Besatzung ernährte das Gartenanwesen die Familie und die einquartierten französischen Soldaten. Im Laufe eines Jahres wurden so bis zu vierhundert Personen satt.
Die Bevölkerung Hannovers konnte erst wieder frei atmen, als Napoleons Truppen in der Völkerschlacht bei Leipzig besiegt worden waren. König Jerôme, ein Bruder Napoleons, verließ am 26. Oktober 1813 überstürzt sein Königreich Westfalen, zu dem auch Hannover gehörte. Die Befreiung wurde in Dankgottesdiensten am Reformationstag gefeiert.
Einige Jahre später wurde die Waterloosäule aufgestellt, als Denkmal für die 1815 bei Waterloo gefallenen hannoverschen Soldaten. Die Zeichen des endgültigen Sieges über Napoleon lassen sich noch heute in Form von erbeuteten

Kanonen mit einem gekrönten „N“ an der Säule bewundern.
In der Folge des Wiener Kongresses ergaben sich neue politische Verhältnisse, Hannover wurde Königreich. An den aufgewerteten Hof kam der Architekt Georg Ludwig Friedrich Laves, er wurde mit der Planung der Residenzen beauftragt. Eine seiner größten Aufgaben war die Instandsetzung des Leineschlosses, das während der Besatzungszeit als Kaserne für französische Soldaten gedient hatte. Laves blieb bis zu seinem Tod 1864 als Oberhofbaudirektor in Hannover. Am 23. Mai 1822 heiratete er Charlottes Lieblingsenkelin Wilhelmine Kestner, die Tochter ihres Sohnes Georg.
Charlotte hatte schon 1798 versucht den Kontakt zu Goethe, der nie ganz abgerissen war, wieder enger zu knüpfen. Aber erst nach dem Tode ihres Mannes gewann sie Selbstständigkeit und persönliche Autorität. Sie war nun aus der ehelichen Abhängigkeit von einem in seinen letzten Lebensjahren kranken und schwermütigen Mann entlassen und von dem Risiko weiterer Schwangerschaften befreit.
Als die Pensionszahlungen wieder eingesetzt hatten, befand sie sich auch nicht mehr in finanzieller Abhängigkeit von ihren Söhnen. Nachdem sie Goethes Mutter mehrmals um Rat gefragt hatte, entschloss sie sich am 15. Oktober 1803, Goethe zu schreiben. Sie knüpfte dabei sehr geschickt an die innige Mutter-Sohn-Beziehung Goethes an. Mit den Worten „Wollen Sie dies thun, mein theurer Freund, und darf ich Sie so nennen?“, bat sie ihn um eine Empfehlung für ihren Sohn Theodor. Durch Goethes Vermittlung erhielt Theodor die ärztliche Approbation in Frankfurt, später wurde er dort Professor.
In ihren letzten Lebensjahren reiste Charlotte Kestner viel, um die Kinder und Enkel ihrer weit verzweigten Familie zu besuchen. Es müssen strapaziöse Reisen mit der Postkutsche gewesen sein, die sie bis nach Wetzlar, Frankfurt, ins Elsaß

Grabmal von G. L. F. Laves für Charlotte Kestner auf dem Gartenfriedhof Hannover

oder nach Basel führten. Einmal fuhr sie nach Weimar. Um ihre dort verheiratete Schwester Amalie zu besuchen, war sie vier Tage unterwegs. Goethe notierte unter den Besuchern aus dem Jahre 1816 auch „Hofrätin Kestner aus Hannover“

und setzte fort, dieser Besuch habe „sämtliche Erinnerungen früher und frühester Zeit“ erweckt. Charlotte selbst schrieb an ihren Sohn August nach Rom über ihre erste Begegnung in Weimar: „Nur soviel: ich habe eine neue Bekanntschaft von einem alten Mann gemacht, welcher, wenn ich nicht wüßte, daß er Goethe wäre, und auch dennoch, hat er keinen angenehmen Eindruck auf mich gemacht“. Während ihres mehrwöchigen Besuches in Weimar hatte sie allerdings Gelegenheit, diesen negativen Eindruck zu berichtigen. Goethe lud sie in seine Loge im Theater ein, und sie wurde dort häufig an seiner Seite gesehen.
Nach und nach entkrampfte sich das Verhältnis zwischen den beiden, und die Weimarer Gesellschaft nahm regen Anteil an dem Besuch von *Werthers Lotte*. Manche Äußerungen dazu waren allerdings wenig schmeichelhaft. Schillers Witwe etwa beschrieb ihren Eindruck so: „Ich habe das Original der Lotte gesehen, die jetzt hier ist und Goethe nach zweiundvierzig Jahren zum ersten Male sah!...eine sehr hübsche Frau, wol weit in Sechzigen. Bedeutende Augen und schöne Gestalt hat sie sich erhalten und ein schönes Profil, aber leider wackelt der Kopf, und man sieht, wie vergänglich die Dinge der Erde sind“. Frau vom Stein bediente sich deutlicherer Worte: „Sie ist von angenehmer Unterhaltung, aber freilich würde sich kein Werther mehr um sie erschießen“. Thomas Mann schildert in seiner *Lotte in Weimar* die Begegnung romanhaft und geht dabei freundlicher mit *Werthers Lotte* um. Am Ende des Buches öffnet der Kellner des Hotels, in dem Lotte logiert, den Wagenschlag mit den Worten: „Werthers Lotte aus Goethes Wagen zu helfen, das ist ein Erlebnis, wie soll ich es nennen? Es ist buchenswert.“
Charlotte Kestner versammelte im Jahr 1822 letztmalig ihre große Familie um sich. Es müssen unbeschwerte Sommertage im Gartenhaus gewesen sein, die Kinder, Schwieger-

kinder und Enkel dort verbrachten. Nach kurzer Krankheit starb sie am 16. Januar 1828, nur wenige Tage nach ihrem 75. Geburtstag. Sie wurde auf dem Gartenfriedhof vor dem Aegidientor beerdigt, wo ihr Grabstein noch heute zu sehen ist.

Literaturhinweis:

Goethes Lotte, ein Frauenleben um 1800. Hannover, Historisches Museum 2003, Ausstellungskatalog.

Mann, Thomas: Lotte in Weimar. Frankfurt, Fischer 1982. (Thomas Mann. Gesammelte Werke in Einzelbänden. Frankfurter Ausgabe. Hrsg. von Peter de Mendelsohn. Bd. 7)

Oberschelp, Reinhard: Politische Geschichte Niedersachsens 1803-1866. Hildesheim, August Lax 1988.

Rahmeyer, Ruth: Charlotte Buff-Kestner, ein nicht unbedeutendes Frauenleben. In: Sophie & Co., S. 57-78.

Rahmeyer, Ruth: Werthers Lotte. Frankfurt, Insel Verl. 1999. (TB it 2272).

„Das Objekt ist ein Comet“ – die Astronomin Caroline Herschel

Als sie im Oktober 1822 nach Hannover zurückkehrte, war sie 72 Jahre alt. Fünfzig Jahre zuvor, 1772, hatte sie die Stadt verlassen und war mit ihrem Bruder nach England gezogen, um dort als seine Haushälterin zu arbeiten. Am 25. August 1822 war der Bruder Wilhelm gestorben, und Caroline Herschel hatte nur einen Wunsch: Sie wollte zurück in ihre Geburtsstadt, die sie ein halbes Jahrhundert lang nicht gesehen hatte. Ihren Lebensabend wollte sie hier verbringen, hier wollte sie sterben, denn sie fühlte sich alt und schwach und erwartete ihren baldigen Tod. Ihr waren noch beinahe 26 Jahre eines – aus heutiger Sicht – erfüllten und schaffensreichen Lebens beschieden. Sie starb mit fast 98 Jahren als geachtete, berühmte Frau. Ihr Porträt ist das einzige Frauenbild unter 51 *Niedersächsischen Persönlichkeiten*, das im Gebäude des Niedersächsischen Landtags, dem Leineschloss, hängt. In dieser Porträtgalerie werden bedeutende Niedersachsen aus dem Zeitraum vom ausgehenden 15. Jahrhundert bis zur Wende vom 19. zum 20. Jahrhundert gewürdigt. In mehr als vier Jahrhunderten hat es offenbar im ganzen Land unter den geistig und kulturell Schaffenden nur eine einzige Frau gegeben, die der Ehre für wert erachtet wurde, hier einen Platz zu erhalten.

Caroline Herschel hat beinahe ein Jahrhundert erlebt. Das erste wichtige Ereignis, an das sie sich auch später noch gut erinnerte, war das große Erdbeben von Lissabon am 1. November 1755. Die starken Erdstöße waren selbst in Hannover zu spüren, im Hamburger Hafen bewirkten sie erhebliche Schäden durch eine große Flutwelle. In Caroline Herschels Lebenszeit fiel der Amerikanische Unabhängigkeitskrieg, die französische Revolution und der Aufstieg und Fall Napoleons. Von den Entbehrungen während der wiederholten Besetzungen durch die Franzosen erfuhr sie aus Briefen ihrer Familie in Hannover. Es fuhren die ersten Pferdeeisenbahnen und Eisenbahnen, der Telegraph wurde erfunden, und schließlich begann in Großbritannien die Regierungszeit von Königin Victoria. Für Hannover war damit das Ende der Personalunion verbunden. Caroline Herschel schrieb dazu an ihren Neffen in England „dein König ist nicht mehr mein König“ und glaubte sich nun gänzlich von ihrem „geliebten England“ abgeschnitten.

Geboren wurde sie am 16. März 1750 in eine Familie von Musikern. Ihr Vater war Hoboist, Oboenspieler, in Diensten des Hofes. In Friedenszeiten spielte er in der königlichen Kapelle, in Kriegszeiten war er als Militärmusiker mit den Soldaten unterwegs. Auch Carolines Brüder, mit denen sie aufwuchs, verdienten ihr Geld als Musiker und waren Organisten und gefragte Solisten an verschiedenen Instrumenten. Caroline wurde vom Vater, an dem sie sehr hing, in Gesang und im Violinenspiel unterrichtet. Er ermöglichte es ihr, gemeinsam mit den Brüdern die Garnisonschule zu besuchen, wo sie schreiben, lesen und rechnen lernte. Diese Fähigkeiten beherrschten damals nur wenige einfache Mädchen. Isaak Herschel weckte auch das Interesse am Betrachten des Sternenhimmels in ihr. „Mein Vater war ein großer Bewunderer der Astronomie und besaß einige Kenntnisse in dieser Wissenschaft. Ich erinnere mich, daß er mich in einer kalten Nacht auf die Straße führte, um mich mit einigen unserer schönsten Sternbilder bekannt zu machen, nachdem wir vorher einen

Kometen, der eben sichtbar war, beobachtet hatten". Ihre Mutter dagegen war von diesen Beschäftigungen wenig angetan. Sie ließ Caroline im Haushalt arbeiten und schickte sie zur Ausbildung als Weißnäherin sowie Putz- und Kleidermacherin von Haus- und Leibwäsche. In dieser Schule lernte sie auch Sticken und Stricken, um ihre Brüder mit warmen Socken versorgen zu können. Der Kommentar der Mutter zu dieser Tochter war: „Sie ist zwar ein roher Klotz, allerdings ein nützlicher". Und das sollte möglichst so bleiben. Aber sie profitierte auch von Carolines Kenntnissen. War der Vater abwesend, musste diese die Korrespondenz übernehmen, denn die Mutter konnte weder lesen noch schreiben. Auch andere Soldatenfrauen bedienten sich der Kenntnisse des Mädchens, während des Siebenjährigen Krieges verfasste sie manchmal stundenlang Briefe an die im Felde stehenden Männer.

Die Brüder hatten bald von den zahlreichen Schlachten des Herrschers genug und sich, um den Aushebungen zu entgehen, nach England abgesetzt. Wilhelm fand eine ordentlich dotierte Stelle an der Octagon Church im vornehmen Badeort Bath. Hier musste er komponieren und Konzerte mit eigenen Werken und denen anderer veranstalten. Während der Saison gab er Musikstunden für die Angehörigen der guten Londoner Gesellschaft, die sich zur Badekur in Bath aufhielten. So suchte er zur Haushaltsführung eine verlässliche Person und schließlich gelang es ihm, die Mutter zu überreden, ihm Caroline zu schicken. Er versprach, sie „unter seiner Leitung zu einer nützlichen Sängerin für die Winterkonzerte und Oratorien auszubilden". Geplant war zuerst nur ein Probeaufenthalt für die Dauer von zwei Jahren, in dem sich Caroline bewähren sollte. Wilhelm erklärte sich außerdem bereit, der Mutter eine Pension zu zahlen, damit diese einen Ersatz für die verlorene Haushaltshilfe beschäftigen konnte. Nachdem Caroline so viele Strümpfe gestrickt hatte,

dass der Bedarf der Familie für die nächsten zwei Jahre gedeckt sein würde, durfte sie am 16. August 1772 die sechs Tage dauernde, strapaziöse Reise auf die Insel antreten.
Sie fand sich recht schnell in der neuen Situation zurecht, lernte Englisch und trat auch als Sängerin in Wilhelms Konzerten auf. Bald wurde sie ihm eine unentbehrliche Hilfe. Caroline Herschel war erzogen worden, den Sinn eines Frauenlebens im Dienen und Unterordnen unter den Mann zu sehen, also immer in seinem Schatten zu stehen. Die Begriffe Verzicht oder Entsagung gab es für sie nicht. Noch als alte Frau, nachdem sie für ihre eigenen, wissenschaftlichen Leistungen viele Ehrungen empfangen hatte und längst nicht mehr nur als Assistentin des Bruders galt, äußerte sie „Ich bin nichts und habe nichts getan: alles was ich bin und weiß schulde ich meinem Bruder. Ich bin nur das Werkzeug, das er für seinen Gebrauch formte – ein gut abgerichtetes Hündchen hätte dasselbe geleistet".
Wilhelm Herschel interessierte sich immer weniger für seinen Brotberuf, sondern beschäftigte sich lieber mit seinem Hobby, der Beobachtung des Himmels. Die Lehren Kepplers und Galileo Galileis hatten längst Eingang in die Astronomie gefunden, und auch Laien interessierten sich für die Sternenkunde. Der Freizeitastronom Herschel widmete viele Stunden seiner Tage und natürlich Nächte seinen Studien und war besessen von der Idee, ein eigenes Teleskop zu bauen. Carolines Anteil an diesem Projekt bestand aus dem Kleben eines Rohres aus schwarzer Pappe. Doch das Gerät erwies sich als untauglich, denn es ließ sich nicht drehen. Dennoch gab Wilhelm nicht auf, sondern experimentierte weiter, er sollte später großen Erfolg beim Bau von Teleskopen haben. Die Schwester wurde nach und nach zu Wilhelms wichtigster Assistentin, auf die stets Verlass war. Sie protokollierte die Beobachtungen der klaren, frostkalten Nächte, auch wenn ihr manchmal die Tinte am Federhalter gefror, half beim Polie-

ren der Spiegel für die Teleskope, las die ihr empfohlenen wissenschaftlichen Werke und ertrug, dass immer mehr Räume des Hauses sich in Werkstätten verwandelten. Auch Unfällen begegnete sie eher mit Gleichmut. Bei der Explosion eines Schmelzofens zur Herstellung von Teleskopspiegeln konnten sich Bruder und Gießer retten, aber der Steinfußboden wurde herausgeschleudert, „mein armer Bruder fiel von Hitze und Anstrengung erschöpft auf einen Haufen von Ziegelsteinen“.

Die Wende im Leben der Geschwister Herschel kam mit der Entdeckung des Planeten Uranus durch Wilhelm. Er nannte ihn zu Ehren König Georges III. (1738-1820) „Georgsgestirn“. Jetzt konnte er seine Organistenstelle aufgeben, denn er wurde als königlicher Hofastronom besoldet und erhielt immer wieder größere Geldbeträge aus der königlichen Schatulle zur Förderung seiner Forschungen. Die Geschwister zogen nach Slough in ein für die Nutzung als Observatorium geeignetes Haus mit einem weitläufigen Garten, der auch großen Teleskopen Platz bot. Wilhelm Herschel war ein erfolgreicher Konstrukteur geworden und verkaufte seine Arbeiten in alle Welt. Die Tätigkeit an und mit diesen Teleskopen war nicht ungefährlich. Sie erforderte Geschicklichkeit im Klettern auch bei Dunkelheit. Caroline selbst riss sich eines Nachts eine große Fleischwunde am Bein, der sie jedoch so lange keine Beachtung schenkte, bis sie nicht mehr laufen konnte. Der hinzugezogene Arzt verordnete strenge Bettruhe und meinte, jeder Soldat hätte mit einer solchen Wunde mindestens sechs Wochen im Lazarett verbracht.

Caroline Herschel, deren wichtigste Eigenschaften Sorgfalt, Zuverlässigkeit, Genauigkeit und Geduld waren, entwickelte sich selbst immer mehr zur Wissenschaftlerin. Sie sichtete und ordnete die zu Veröffentlichung bestimmten Unterlagen ihres Bruders. Zusätzlich berechnete und notierte sie Positionen von Sternen und Nebeln. Auch die ermüdende, viele Tage in Anspruch nehmende Tätigkeit des Linierens von großen Papierbogen für die Aufzeichnungen führte sie gewissenhaft aus. Kamen Besucher auf das Gelände des Observatoriums, so war es ihre Aufgabe, sie herumzuführen, ihnen die Geräte zu zeigen und den Sternenhimmel zu erklären. Oft waren berühmte Leute darunter oder gekrönte Häupter. Angeblich soll Haydn nach einem Blick durch ein riesiges Teleskop zur Komposition der *Schöpfung* angeregt worden sein. Dem ursprünglichen Grund ihrer Anreise gemäß wurde von ihr aber auch verlangt, den Haushalt zu führen. Es erstaunt nicht, wenn in ihren Aufzeichnungen oft die Klage über Schlafmangel zu lesen ist.

Sie hatte von ihrem Bruder einen Newtonschen Kometensucher geschenkt bekommen. Es war zwar nur ein kleines Gerät mit siebenundzwanzig Zoll Brennweite und einer dreißigfachen Vergrößerung, aber es war ihr erstes, eigenes. Mit diesem Kometensucher „durchmusterte ich den gestirnten Himmel", sie hatte aber wenig Hoffnung, Neues zu entdecken. Wenn Wilhelm Herschel auf einer seiner wissenschaftlichen Reisen war, arbeitete sie allein weiter und notierte ihre Arbeitsergebnisse. Am 1. August 1786, ihr Bruder war verreist, schrieb sie in ihr Tagebuch: „Ich habe heute einhundert Nebulae berechnet und diesen Abend erblickte ich ein Object, das sich, glaube ich, morgen Nacht als Komet ausweisen wird." Am 2. August: „Heute berechnete ich 150 Nebulae. Ich fürchte, es wird heute Abend nicht klar sein. Es hat den ganzen Tag geregnet scheint sich aber jetzt ein wenig aufzuhellen", und später „1 Uhr: das Object ist ein Comet!"

Diese Beobachtung, die sie genau und wissenschaftlich nachvollziehbar den Astronomen der Königlichen Sternwarte schriftlich berichten konnte, war der Beginn ihrer eigenen Laufbahn als Astronomin. Sie fand in den Jahren von 1786 bis 1797 insgesamt acht von den 62 im 18. Jahrhundert neu entdeckten Kometen. Bei fünf dieser Sterne ist sie unbestritten die erste Person, die sie beschrieb. Ihr siebter Komet trägt den Namen *Enckescher Komet*, da der Astronom Johann Franz Encke (1791-1865) seine regelmäßige Wiederkehr errechnete. Sie entdeckte außerdem 14 Nebel. Caroline Herschel war 38 Jahre alt, als sie vom englischen König ein Jahresgehalt von 50 Pfund erhielt, das ihr in vierteljährlichen Beträgen ausgezahlt wurde. Die Anstellung einer Frau als bezahlte Astronomin hatte es in England bis dahin noch nie gegeben. Sie schickte einen großen Teil dieser in ihren Augen riesigen Summe an ihre Verwandten nach Hannover.

Als sich ihr Bruder 1788, im Alter von 50 Jahren, doch noch zu einer Ehe entschloss, zog Caroline Herschel aus dem gemeinsamen Haus aus. Sie wechselte in den folgenden Jahren immer wieder ihre Wohnung und lebte in möblierten Zimmern. Jeden Tag ging sie regelmäßig zur Arbeit ins Observatorium. Zu Wilhelms einzigem Sohn entwickelte sie eine große Zuneigung. John Herschel nannte sie immer nur „meinen Neffen", um seine besondere Stellung gegenüber den vielen Neffen in Hannover hervorzuheben. Er wurde, wie sein Vater, Astronom, und auch er erhielt, wie schon sein Vater, viele Auszeichnungen. Beide wurden vom englischen König geadelt, Wilhelm Herschel wurde außerdem der höchste zivile Orden des Königreichs Hannover verliehen. Nach dem Tode Wilhelm Herschels war es John, der in späteren Jahren seiner Tante bei der Publikation wissenschaftlicher Veröffentlichungen half. Er blieb bis zu ihrem Lebensende in persönlichem und fachlichem Kontakt zu ihr, besuchte sie und tauschte häufig Briefe mit ihr.

Nachdem Caroline Herschel England fluchtartig verlassen hatte, richtete sie sich in Hannover ein. In ihrer Wohnung in der Marktstraße ließ sie ein Teleskop aufstellen, um den Himmel beobachten zu können, sie korrespondierte mit vielen Fachgelehrten in ganz Europa und arbeitete weiterhin

wissenschaftlich. Carl Friedrich Gauß (1777-1855), Leiter der Sternwarte Göttingen, war ein häufiger und gern gesehener Gast bei ihr. Auch für andere, durch Deutschland reisende Wissenschaftler war es selbstverständlich, die geachtete Astronomin in Hannover zu besuchen. Noch in England hatte Caroline Herschel bei der Königlichen Astronomischen Gesellschaft zwei große Werke veröffentlicht. Es waren Ergänzungen und Berichtigungen des von John Flamsteed (1646-1719), dem Begründer der Sternwarte Greenwich, begonnenen Sternenkatalogs um 860 weitere Sterne, dazu ein Inhaltsverzeichnis, ein Generalregister und ein Band mit Erklärungen. Sie hatte zahlreiche Artikel in den *Philosophical Transactions of the Royal Society of London* veröffentlicht, nun übersetzte sie ihre Arbeiten und die ihres Bruders ins Deutsche. Der so genannte *Zonenkatalog*, den sie nach mehr als zwei Jahren fast täglicher, unermüdlicher Arbeit herausgab, war eine Sensation in der Fachwelt. Niemand hatte geglaubt, dass es möglich sein würde, die über 2.500 von Wilhelm Herschel entdeckten Nebel zu katalogisieren. Sie schaffte es mit Ausdauer und Fleiß und meldete am 7. März 1825 an John „mit dem Catalog der Nebulae bin ich fertig". Die internationale Anerkennung machte sie zum ersten Mal so stolz, dass sie sie als verdient annehmen konnte, denn sie habe wohl etwas erreicht „durch Beharrlichkeit und durch Anstrengung, die weit über weibliche Kräfte hinausgingen".
Als sie in Hannover ankam, war sie eine Berühmtheit. Lustig machte sie sich über ihre Nichten und Neffen, die eine „große Tante Caroline" erwarteten und nun enttäuscht waren über die klein gewachsene Person. Auch über das hohe Ansehen als gelehrte Frau lachte sie – und genoss es gleichzeitig „Es ist nothwendig, daß ich zuweilen etwas von meinem kärglichen Schatze zur Schau stelle, um meine Reputation als gelehrte Frau aufrecht zu erhalten, denn man betrachtet mich nicht nur als solche, man starrt mich sogar hier in Hannover

als solche an“. Ein paar Jahre später, 1843, anlässlich des Besuches des Kronprinzenpaares zu ihrem 93. Geburtstage schrieb sie nach England: „Ich bin jetzt in meinen alten Tagen so daran gewöhnt, Ehren zu empfangen, daß ich dieselben annehme ohne zu erröten“. Zu ihrem 96. Geburtstag überreichte ihr im Auftrage des preußischen Königs Alexander von Humboldt persönlich die goldene Medaille für Wissenschaft der preußischen Akademie. Englische und irische Ehrungen hatte sie schon früher erhalten. Ihr war die goldene Medaille der Königlichen Astronomischen Gesellschaft in London verliehen worden und sie wurde zu ihrem Ehrenmitglied ernannt. Auch die Königliche Irische Akademie in Dublin würdigte sie mit der Ehrenmitgliedschaft. Wirtschaftlich war Caroline Herschel bis zu ihrem Tod gut versorgt, sie bezog ein regelmäßiges Legat aus der Erbschaft ihres Bruders Wilhelm und eine großzügige königliche Pension aus England.

Nur ein paar Wochen nach ihrer Rückkehr in ihre Geburtstadt bewertete sie diese sehr kritisch. „Was ich bis jetzt...von Hannover gesehen, gefällt mir nicht. Zwar sind, wie man mir sagt, einige Straßen verbreitert worden, aber sie erscheinen mir viel enger, als da ich sie vor fünfzig Jahren verließ“. Da ihr Lebensrhythmus auch in hohem Alter noch von nächtlicher Arbeit am Teleskop bestimmt war, hatte sie große Schwierigkeiten, die von ihr erwarteten gesellschaftlichen Verpflichtungen zu erfüllen. Sie abonnierte einen Platz im Theater und besuchte zweimal wöchentlich die Vorstellungen. Vor allem Konzerte hörte sie gern, freute sich, dass auch Paganini in Hannover gastierte und bei „doppelten Preisen zwei Mal das Theater“ füllte. Aber andere Künstler kritisierte sie sachkundig und hart. Von der Teilnahme an Damenzirkeln hielt sie wenig und besuchte sie eher widerstrebend. „Sonnabend und Donnerstag sind zwei Damen mit langem Titel ‚zu Hause‘. Es soll sich dort das zusammenfinden, was sie, glaube ich, unter gelehrter Gesellschaft verstehen, es soll ein Blaustrumpf-Klub sein. Mir ist schon Angst und bange vor dem Anfang des Oktobers, wo wir anfangen wollen, denn ich kann Morgens nicht arbeiten, und wenn mir alle Abende verloren gehen, werde ich gar nichts mehr tun können“. Damit war ihre astronomische Arbeit gemeint, die sie nicht vernachlässigen wollte.

Grabplatte für Caroline Herschel auf dem Gartenfriedhof Hannover

Sechs Jahre lang lebten gleichzeitig zwei berühmte Frauen in einer Stadt, die Astronomin Caroline Herschel und die verwitwete Hofrätin Charlotte Kestner. Es wäre möglich, dass sie sich im Theater begegnet sind. Falls das der Fall gewesen sein sollte, haben sie sich nicht beachtet. Caroline Herschel kam aus einer kleinbürgerlichen Familie, sie war nicht verheiratet, beides stand ihr in der Welt der Wissenschaften nicht im Wege. Sie fühlte sich trotz aller Anerkennung, die sie für ihre eigenen Leistungen erhalten hatte, immer als das „gut abgerichtete Hündchen", das seinem Herren apportiert, einem Mann dient und zuarbeitet. Charlotte Kestner lebte in der strengen Klassenstruktur der hannoverschen Gesellschaft. In den Familien mit Zugang zu den höfischen Kreisen, den *Hübschen Familien* wie der ihren, gab es den üblichen Standesdünkel. Nach dem Tode ihres Mannes genoss sie den Ruhm, der mit ihr als *Werthers Lotte* verbunden war und entwickelte eine selbstbewusste Eigenständigkeit. Ihre letzte Ruhestätte fanden beide Frauen auf dem Gartenfriedhof an der Marienstraße, der damals als der Prominentenfriedhof Hannovers galt. Die Grabstätte Charlotte Kestners wurde von niemand Geringerem als von Hofbaumeister Laves gestaltet. Caroline Herschels Grab deckt eine schlichte Platte mit einem Grabspruch, der ihr Leben resümiert:

Hier ruht die irdische Hülle von Caroline Herschel, geb. zu Hannover den 16. März 1750, gestorben den 9. Januar 1848. Der Blick der Verklärten war hienieden dem gestirnten Himmel zugewandt, die eigenen Cometen Entdeckungen und die Theilnahme an den unsterblichen Arbeiten ihres Bruders Wilhelm Herschel zeugen davon bis in die späte Nachwelt. Die Königliche Irländische Akademie zu Dublin und die Königliche Astronomische Gesellschaft in London zählten sie zu ihren Mitgliedern. In dem Alter von 97 Jahren 9 Monaten 24 Tagen entschlief sie mit heiterer Ruhe und bei völliger Geisteskraft, ihrem zu einem besseren Leben vorangegangener Vater Isaac Herschel folgend, der ein Lebensalter von 60 Jahren 2 Monaten 17 Tagen erreichte und seit dem 25. März 1767 hieneben begraben liegt.

Literaturhinweis:

Caroline Herschel's Memoiren und Briefwechsel (1750-1848). *Hrsg. von Frau John Herschel (Hrsg. ist Margaret Herschel).* Berlin 1877.

Buttmann, Günther: Wilhelm Herschel, Leben und Werk. In: Große Naturforscher, Band 24. Stuttgart, Wissenschaftl. Verlagsgesellschaft 1969.

Feyl, Renate: Caroline Herschel, Aufbruch in die nicht gewollte Selbständigkeit. In: Sophie & Co., S. 45-56.

Arbeit aus christlicher Nächstenliebe – protestantische Schwesternschaften in Hannover

Im gesellschaftlichen Verständnis galten Helfen und Pflegen immer als der weiblichen Rolle besonders entsprechende Tätigkeiten. Noch heute arbeiten in sozialen Berufen zum überwiegenden Teil Frauen, auch wenn der Beweggrund dafür meist nicht mehr das Dienen aus christlicher Nächstenliebe ist. Es sind meist Frauen, die hilfsbedürftige Angehörige zu Hause betreuen und pflegen.

Unter dem Eindruck des zunehmenden sozialen Elends weiter Kreise der Bevölkerung und des gesellschaftlichen Umbruchs im 19. Jahrhundert gründeten sich an verschiedenen Orten christliche Hilfsorganisationen. Ihr Ziel war in erster Linie praktische Hilfeleistung und Hilfe zur Selbsthilfe. Zu Beginn des 19. Jahrhunderts gab es in Deutschland eine Massenarmut, etwa die Hälfte der Bevölkerung lebte unter dem Existenzminimum. Die Auswirkungen der beginnenden Industrialisierung waren besonders in den Städten zu spüren, die sich sprunghaft entwickelten. Gab es 1830 nur 25.000 Einwohner in Hannover, stieg die Zahl von 70.000 im Jahr 1860 um jährlich ungefähr 4.000 auf 150.000 im Jahr 1888. Der große Zuwachs war zwar nicht ausschließlich auf den Zuzug von vor allem ländlicher Bevölkerung in den Ballungsraum zurückzuführen, Hannover vergrößerte sich auch in der Fläche durch Eingemeindungen umliegender Orte, doch spielte die zuneh-

mende Landflucht im schnellen Wachstum deutscher Städte eine wesentliche Rolle.
Der knappe Wohnraum in der Stadt war ein Problem. In vielen Wohnungen oder sogar Zimmern, in denen Menschen auf engstem Raum hausten, fanden auch noch so genannte „Schlafgänger“ Unterkunft. Man vermietete einfach das eigene Bett für einige Stunden an Personen, die keine Lagerstatt besaßen. Durch die zunehmende Mobilität wurden soziale und familiäre Bindungen zerrissen, denn vorwiegend junge, arbeitsfähige Frauen und Männer zogen in die Stadt. Wer aber krank wurde oder aufgrund des Alters nicht genug verdienen konnte, verarmte und verelendete schnell. Da viele Menschen unter schlechten hygienischen Verhältnissen auf engstem Raum zusammen lebten, verbreiteten sich Ungeziefer und Krankheiten. Die mangelhafte Versorgung führte zu einem Anstieg der Todesfälle, besonders der Säuglingssterblichkeit.
Bis zur Sozialgesetzgebung durch Bismarck, welche die Armen-, Kranken- und Invalidenfürsorge und die Rentenversicherung regelte, kümmerte sich keine öffentliche Institution um diese Aufgaben. Zwar waren in evangelischen Gebieten seit der Reformation die Kommunen für die Armen- und Krankenpflege zuständig, doch genossen städtische Krankenhäuser keinen guten Ruf. Aus dem Krankenhaus Linden, damals noch nicht zu Hannover gehörig, sondern bis 1920 eine selbstständige Stadt, berichtete ein Oberarzt, dass innerhalb von fünf Monaten sechs Krankenwärtern wegen „Trunkenheit, Mißhandlung der Kranken und Borniertheit“ und zwei Wärterinnen wegen „Unsittlichkeit und Körperschwäche“ gekündigt werden musste.
In verschiedenen Orten übernahmen deshalb Frauen aus dem Bürgertum die Armen- und Krankenpflege und gründeten Hilfsvereine. In Hannover entstanden drei große Schwesternschaften, die des evangelischen Friederikenstiftes, die eben-

falls protestantische Henriettenstiftung und das vom Roten Kreuz getragene Clementinenhaus. Diese Entwicklung wurde nicht einhellig begrüßt, denn sie vollzog sich zu einer Zeit, in der vor der Frauenemanzipation öffentlich gewarnt wurde. Das *Hannoversche Volksblatt*, das sich an die „Leser aller Stände“ wandte und dreimal wöchentlich erschien, berichtete über ein abschreckendes Beispiel von „Frauenemancipation“ in Nordamerika, und die Leserinnen und Leser wurden angehalten, keine „Verkehrtheit ihrer Ideen“ zuzulassen.

Am 26. Juli 1840 rief Ida Arenhold gemeinsam mit anderen Frauen der hannoverschen Gesellschaft zur Gründung eines Hilfsvereins für arme Kranke auf. Mit Gottes Hilfe sollte versucht werden, „durch Besuche und bei näherem Eingehen auf ihre Verhältnisse eine bessere und nachhaltigere Hülfe zu gewähren, als durch die bloße Gabe, ohne ein Wort hingegeben, möglich ist, sondern aber auch anderen Armen Arbeit zu verschaffen und dadurch ihre Not zu lindern.“

Ida Arenhold war eine der wenigen unverheirateten Frauen in diesem Kreis und mit 42 Jahren bereits eine „alte Jungfer“. Sie wurde am 11. November 1798 in Herzberg im Harz geboren und lebte seit 1799 in Hannover. Der Vater war als hoher Hofbeamter in die Residenzstadt versetzt worden. Nach dem frühen Tod der Mutter fiel ihr, als ältestem von acht Kindern, die Aufgabe zu, für die jüngeren Geschwister zu sorgen und einem großen Haushalt vorzustehen. Der Vater hatte nach dem Tode der Mutter 1822 nicht wieder geheiratet. Die Tochter übernahm die Aufgaben der Hausfrau und Begleiterin des Vaters bei gesellschaftlichen Ereignissen. Sie fand so Kontakt zu den Damen der gehobenen Schicht, was normalerweise ledigen Frauen, denen keine gesellschaftliche Stellung zugestanden wurde, nicht gelang.

Nach dem Vorbild von Amalie Sieveking in Hamburg entstand in Hannover der *Frauenverein für Armen- und Krankenpflege* mit dem Ziel, Bedürftige im Sinne einer „Hilfe zur Selbsthilfe“ zu unterstützen. Die Vereinsarbeit sollte durch Spenden finanziert werden, wobei Geldbeträge in „vierteljährlichen Zahlungen besonders willkommen“ waren. Schon kurze Zeit später, am 6. August 1840, fand im Armenhaus in der Neustadt die Gründungsversammlung statt. Das Gebäude in der Neuen Straße 21 stand bis zu seiner Zerstörung im Zweiten Weltkrieg fast unverändert an dieser Stelle. Die ehemalige London-Schänke war im 18. Jahrhundert eines der ersten Hotels der Stadt und wurde 1824 zum städtischen Armen- und Waisenhaus. Daran lässt sich der Niedergang der Neustadt – jetzt Calenberger Neustadt, einst ein Viertel für Hofbeamte und Hofbedienstete, in dem auch Soldaten wohnten – zum kleinbürgerlichen und proletarischen Wohnquartier ablesen.

Die Mitglieder des Vereins trafen sich unter ihrer Vorsitzenden Ida Arenhold regelmäßig und besprachen, wie einzelne Fälle zu betreuen waren. Die Grundlage für ihre tätige Hilfe bildete ein so genanntes *Protocollenbuch*, in das die Damen bei ihren Hausbesuchen Notizen machten. So liest man zum Beispiel folgende Eintragungen:

„3. Dezember 1840: Es ist ein Frauenkleid und ein Männerrock für die Armen, die zum Abendmahl zu gehen wünschen und keine Kleidung dazu haben, bei Fräulein Arenhold zu diesem Zweck in Bewahrung, und können dort von denen, die es bedürfen, abgeholt werden.

27. Mai 1841: Der Zinngießer Sabois hat sich erboten, jungen Leuten vom 14ten Jahre an Arbeit durch Anmalen bleyerner Soldaten zu geben. Er giebt ihnen Arbeit mit und leitet sie dazu an, wie sie es machen müssen.“

Aber auch unbotmäßiges Verhalten wurde streng sanktioniert:

„14. Januar 1841: Die Witwe Feldmann wird aus der Pflege des Vereins entlassen, da sie sich den ihr mehrfach gegebenen Vorschriften unfolgsam gezeiget.“

„6. Mai 1841: Es wurde beschlossen, daß der Krebs vors Erste alle Unterstützung genommen werden soll, da sie immer unzufrieden ist und sie zur Confirmation der Tochter Sachen weit über ihre Lage gekauft hatte."
König Ernst August war begeistert von dieser Initiative und schenkte dem Verein, in erster Linie wohl der besonders engagierten Ida Arenhold persönlich, den Weißhaarschen Hof. Dieser Gebäudekomplex war ein ehemaliger Adelshof mit einem großen Garten und schattenspendenden Bäumen, unter denen später die aufgenommenen Kinder spielten. Innen wurde er von Hofbaumeister Georg Ludwig Friedrich Laves auf Kosten des Königs für die neuen Bedürfnisse umgebaut. Er erhielt Krankenzimmer für Erwachsene und Kinder und auch Wohnungen für Arme, vornehmlich allein stehende Frauen. Eingerichtet wurden eine Suppenküche, eine Warteschule, vergleichbar unserem heutigen Kindergarten, und ein Laden. Hier fand der Verkauf der Produkte aus den auf dem Gelände liegenden Strick-, Spinnerei- und Nähschulen und den Handwerksstätten sowie des Ertrages vom eigenen Bauernhof statt. Diese Einrichtungen boten damit auch Arbeits- und Ausbildungsplätze. König Ernst August ehrte das Vereinshaus und Spital am 23. Mai 1844 mit dem Namen Friederikenstift. Die Namensgebung geschah im Gedenken an seine geliebte, 1841 verstorbene Gemahlin.
Das Stift kümmerte sich um „hülflose und schwächliche junge Mädchen" besonders aus armen Familien. Ihnen blieb direkt nach der Schulentlassung und der Konfirmation oft nichts anderes übrig, als sich in einer der Fabriken als ungelernte Arbeiterinnen zu verdingen. Innerhalb des Stiftes wurden sie zu vielfältigen Arbeiten herangezogen, unter anderem zu allen Tätigkeiten für die Hauswirtschaft, aber auch zur Krankenpflege. Daraus entstanden in der Folge eine Dienstboten- und eine Krankenpflegeschule. Dienstmädchen mit einem Zeugnis aus dem Friederikenstift konnten bei einer An-

Friederikenstift, Humboldtstraße, 2001

stellung mit einer besseren Entlohnung rechnen als nicht ausgebildete Frauen. Zum Eintritt in die Krankenpflegeschule wurde als Voraussetzung in erster Linie die „christliche Ge-

sinnung“ gefordert, außerdem ein „ernsthafter Charakter“ und ein „unanstößiges Vorleben“. Unter der Leitung der Vereinsvorsitzenden, die Vorsteherin genannt wurde, schlossen sich die jungen Frauen einer Schwesternschaft an und unterwarfen sich den Regeln des Stiftes.
Ida Arenhold, die viele Jahre den Posten der Vereinsvorsitzenden und Hausmutter innehatte, führte dennoch den väterlichen Haushalt weiter. Beinahe ein Vierteljahrhundert betreute sie ihren Vater bis zu seinem Tode im Jahr 1847. Erst mit 49 Jahren zog sie ganz ins Friederikenstift. Als sie selbst am 24. September 1863 starb, wurde sie tief betrauert. Ihr Grab befindet sich auf dem Gartenfriedhof in Hannover. Das schlichte Steinkreuz, eine Stiftung des Friederikenstiftes und der Stadt Hannover, wurde 1985 originalgetreu nachgearbeitet und auf dem alten Sockel aufgestellt. Er trägt als Grabspruch einen Vers aus dem Matthäus-Evangelium (25,40): „Alles, was ihr getan habt einem unter diesen meinen geringsten Brüdern, das habt ihr mir getan.“ Unter dieser Lebensmaxime stand ihr christliches Handeln. Das auf dem Grabkreuz angegebene Geburtsdatum ist nach Angaben des evangelisch-lutherischen Kirchenbuchamtes falsch. Ida Arenhold wurde nicht am 11. Oktober, sondern am 11. November 1798 geboren.
Von Beginn an wurden Mädchen und Frauen, die im Dienste eines Verbandes leben wollten, in dessen Einrichtungen ausgebildet. Sie arbeiteten im Krankenhaus und wohnten im Schwesternhaus. Für ihre Tätigkeit erhielten sie nur eine geringe Entlohnung, Belange des täglichen Lebens wie Unterkunft und Verpflegung einschließlich der Freizeit wurden von der Schwesternschaft geregelt. Privater Ausgang, zum Beispiel ins Kino, bedurfte der Genehmigung durch die Oberin, der Urlaub wurde in eigenen Erholungsheimen unter Mitschwestern verbracht. Die Tracht, meist auch in der Freizeit getragen, unterstrich die kollektive Identität und machte die

Verbandsmitglieder nach außen hin sichtbar. Das Leben in der Schwesternschaft bedeutete Geborgenheit und Schutz vor den Gefahren der Großstadt, die Frauen erlernten einen gesellschaftlich anerkannten Beruf, mit dem sie ihren Lebensunterhalt sichern konnten. Die Mutterhäuser boten verschiedene Arbeitsfelder, manchmal sogar im Ausland. Weiterbildungs- und Qualifizierungsmöglichkeiten wurden angeboten, und auch der Aufstieg im hierarchischen System war bei entsprechender Eignung möglich.

Die Vereinsvorsitzende und Vorsteherin des Friederikenstiftes nannte sich seit 1870 Oberin, 1927 wurde hauptamtlich ein Pastor eingestellt, der mit ihr das Stift leitete. Er beschränkte sich auf die Belange des Krankenhauses, während die Oberin für die Ausbildung der Schwestern und die Krankenpflege zuständig war. Die Schwesternschaft des Friederikenstiftes schloss sich 1927 dem Verband der evangelischen Diakonie an, dem großen Dachverband protestantisch orientierter Schwestern.

Als erstes lutherisches Diakonissenhaus im Königreich Hannover hatte die Henriettenstiftung 1860 ein Krankenhaus eröffnet. Die Stiftungsurkunde war schon am 1. Juli 1859 durch Königin Marie von Hannover unterzeichnet worden. Grundlage der Stiftung war eine Erbschaft ihrer Großmutter Henriette von Württemberg, zugleich Namensgeberin der Stiftung. 1875 kam das Clementinenhaus hinzu, ein privates auf Anregung von hannoverschen Ärzten gegründetes Krankenhaus. Da die Privatklinik bald in eine schwierige finanzielle Lage geriet, schloss sie sich 1882 dem Roten Kreuz an. Der Name Clementinenhaus ist abgeleitet von „clementia dei“, die Gnade Gottes. Es bildete von Beginn an Schwestern in der zum Hause gehörenden *Krankenpflegerinnen-Anstalt zu Hannover* aus.

Alle drei Einrichtungen sind heute moderne Krankenhäuser, das Friederikenstift und die Henriettenstiftung gehören zum

Diakonischen Werk in Hannover, das Clementinenhaus noch immer zum Roten Kreuz. Am Friederikenstift findet sich die einzige „Babyklappe“ Hannovers.
Oft verbrachten die Schwestern ihr gesamtes Leben bei der Schwesternschaft, denn im Alter siedelten sie in „Feierabendhäuser“ um. Aber auch über den Tod hinaus blieb oftmals die Verbindung zum Mutterhaus bestehen. Die Friederikenschwestern werden, wenn sie selbst oder ihre Angehörigen es wünschen, in einer einheitlichen Grabanlage auf dem Stadtfriedhof Ricklingen bestattet, für die Schwestern vom Clementinenhaus gibt es auf dem Stadtfriedhof Stöcken hinter einer Hecke in Abteilung 60 einen eigenen Bereich, und die Diakonissen der Heriettenstiftung werden auch heute noch auf dem Salemsfriedhof in Kirchrode beerdigt. Seit einigen Jahren wandelt die Initiative *ZeitFenster-Salemsfriedhof* diese Gräberanlage in einem ehrenamtlichen Projekt in eine Frauengedenkstätte um.

Literaturhinweis:
Fesche, Klaus: Der Meister gehört in seine Werkstatt, Ida Arenhold. In: Frauenwelten, S. 172-178.
Schröder, Christiane: Eine neue Heimat im Mutterhaus, protestantische Schwesternschaften. In: Außer Haus. Frauengeschichte in Hannover. Hrsg. von Christiane Schröder und Monika Sonneck. Hannover 1994, S. 29-46.
Schroeder, Hiltrud: Ida Arenhold, Beten und Arbeiten sind die Grundpfeiler allen Gedeihens. In: Sophie & Co. S. 79-100.

Gleiche Bildung für Mann und Frau – das erste Mädchengymnasium

Es ist erst einhundert Jahre her, dass in Preußen ein Ministererlass für die *Neuordnung des höheren Mädchenschulwesens* erschien. Am 18. August 1908 wurde es entsprechend dem Vorbild des höheren Schulwesens für Jungen geordnet. Die Bestimmungen galten auch für Hannover, denn politisch gehörte die Stadt zu Preußen.

Zwar gab es schon seit 1717 die *Principia regulativa* von König Friedrich Wilhelm I., die 1763 durch das Generallandschulreglement von Friedrich dem Großen bestätigt wurde. Diese Schulpflicht war eine Unterrichtspflicht. Nur Kinder, die nicht anderweitigen Unterricht, etwa durch Hauslehrer oder in Internaten erhielten, besuchten die Volksschule. Die Vorschrift musste sich damals gegen die weit verbreitete Kinderarbeit durchsetzen. Kinderreichtum bedeutete für ärmere Bevölkerungsschichten, dass mehr hungrige Esser am Tisch saßen – aber auch mehr Menschen zum Lebensunterhalt der Familie beitrugen. Wurden arbeitende Kinder bis zum Beginn der Industrialisierung in der Landwirtschaft, im Handwerk oder bei Boten- und Diensttätigkeiten eingesetzt, arbeiteten sie jetzt verstärkt als ungelernte Kräfte in den Fabriken. Diese widerstreitenden Interessen führten dazu, dass nicht alle Kinder tatsächlich lesen und schreiben lernten. Besonders für Mädchen wurden geistige Fähigkeiten eher als überflüssig erachtet. Auch als Preußen das Schulwesen im letzten Drittel des 19. Jahrhunderts durch zahlreiche Verordnungen und Erlasse ausbaute, indem verschiedene Schultypen wie Volksschulen, Mittelschulen, Realschulen, Realgymnasien oder Gymnasien eingerichtet wurden, ging es in erster Linie um die Ausbildung von Jungen.

Das Mädchenschulwesen wurde in einer ausschließlich patriarchalisch ausgerichteten Gesellschaft vernachlässigt. Landarbeiterinnen, Dienstmädchen, Fabrikarbeiterinnen, alle Frauen, die körperlich arbeiteten, hatten mit einer minimalen Bildung auszukommen. Für Frauen aus gehobeneren Schichten, besonders Bürgertöchter, war es wichtig, eine „gute Partie" zu machen. Wer „sitzen blieb", also eine „alte Jungfer" wurde, genoss wenig gesellschaftliche Achtung und war oft ein Leben lang von den Verwandten abhängig.

Nicht nur die Schulbildung von Mädchen, auch die Ausbildung von Frauen zu Lehrerinnen ist in Deutschland relativ jung. In Hannover waren es die Beginen, die Kinder unterrichteten, sie taten dies ähnlich wie die Nonnen in den Schulorden. Aber diese Tradition brach in Norddeutschland mit dem Beginn der Reformation ab. Erst mehr als 250 Jahre später war im *Hannoverschen Anzeiger* von 1786 zu lesen, dass drei „Lehrmeisterinnen" in der Altstadt Kinder im Lesen, Katechismus und Stricken unterrichteten. Wie die männlichen Schulmeister waren sie bei einem schon in diesem Beruf tätigen Lehrer oder Pastor praktisch ausgebildet worden. Als 1790 in Hannover die Königliche Hof-Töchterschule eröffnet wurde, stellte man keine Lehrerin, sondern eine Oberaufseherin ein. Sie und ihre Gehilfinnen unterrichteten Handarbeit, hier konnten sie im Sinne „echter Weiblichkeit" erziehen. Lesen und Schreiben vermittelten sie nur in den unteren Klassen, denn sie waren nicht in erster Linie Lehrkräfte. Die Oberaufseherin hatte eher Hausmeistertätigkeiten zu verrichten und administrative Aufgaben, sie sorgte für Zucht und Ordnung und erhob das Schulgeld. Die ihr unterstellten Aufseherinnen beaufsichtigen den durch Lehrer erteilten Unterricht. Man hielt es für unschicklich, fast erwachsene Mädchen mit Männern allein zu lassen. Die Bezahlung für diese Tätigkeit war gering, doch sicherte sie den Frauen – unversorgt weil unverheiratet oder verwitwet – das materielle Auskommen. Als Mitte des 19. Jahrhunderts aus der Königlichen Hof-Töchterschule eine Höhere Töchterschule unter städtischer Verwaltung geworden war, der eine „erste Lehrerin" vorstand, diskutierte man öffentlich, ob überhaupt Lehrerinnen an den Töchterschulen unterrichten sollten.

Schulen mit städtischer Unterstützung wurden von den Geldgebern überwacht. Höhere Töchterschule durften sich aber alle Einrichtungen nennen, gleichgültig in welcher Trägerschaft, die in neun oder auch nur drei Klassen die jungen Mädchen auf ihr Leben als Hausfrau und Mutter vorbereiteten. Eine gewisse Halbbildung, Klavier- und Gesangsunterricht sowie Malstunden und Konversationskurse, die Kenntnisse der englischen und französischen Sprache vermittelten, galten als ausreichend. Wenn Mädchenschulen keine oder kaum öffentliche Unterstützung erhielten, gab es für sie auch wenig Reglementierung. Die Qualifikation der Lehrkräfte spiegelte sich in ihrer Bezahlung wider, beide waren niedrig. „Gescheiterte" Akademiker aller Fachrichtungen, besonders Theologen und Philologen, die das Staatsexamen nicht bestanden hatten, fanden hier eine Beschäftigung. „Die höhere Mädchenschule ist nicht Fisch noch Fleisch", so lautete der Kommentar eines Schulrates.

Der traditionelle Wirkungskreis von Frauen war Haus und Familie. Frauen sollten ihre angebliche „geistige Inferiorität" durch Gefühlswärme, Naivität und Frische ausgleichen und so dem Mann am besten zur Seite stehen können. Mütter spielten im familiären Umfeld eine wichtige Rolle bei der Erziehung der Töchter. Ihre Fähigkeiten reichten für die häusliche Ausbildung. Doch unverheirateten Lehrerinnen, die oft als Erzieherinnen in fremden Familien gearbeitet hatten, unterstellte man, sie hätten ihre „wahrhafte Weiblichkeit“ verloren. Zugleich galten diese „gelehrten Frauenzimmer“ andererseits als nicht ausreichend ausgebildet, um die an Mädchenschulen verlangten Wissensinhalte zu vermitteln. Dazu bedurfte es studierter Männer. Ein Zugeständnis der städtischen Verwaltung war schließlich 1856 die Einrichtung einer Lehrerinnen-Bildungsanstalt an der Höheren Töchterschule in Hannover. Eingestellt wurden die Absolventinnen dieser Ausbildungsstätte allerdings erst zwanzig Jahre später.

Als schlagendes Argument gegen eine Beschäftigung von Lehrerinnen wurde ihre mangelnde physische und psychische Konstitution angeführt. Stundenlanger Umgang mit vielen Kindern galt als körperlich zu anstrengend für Frauen, die, so glaubte man, weder Stimmungen und Launen beherrschen, noch hart und streng durchgreifen konnten. Außerdem wurde Frauen allgemein unterstellt, von der physischen Konstitution her nicht in der Lage zu sein, selbstständig zu denken und geistige Leistungen zu erbringen. Dieses Argument ließ sich trefflich gegen jegliche Art von Bildung oder Ausbildung der Frauen einsetzen. Professor Dr. Paul Möbius (1853-1907), ein angesehener Neurologe und Psychiater in Leipzig, versuchte diese Behauptung wissenschaftlich zu belegen. Sein Werk *Über den physiologischen Schwachsinn des Weibes*, erschien 1890. Darin vertrat er folgende Thesen:

- die Frau ist ein Mittelding zwischen Kind und Mann;
- die weiblichen Gehirnlappen sind schwächer entwickelt als die männlichen, daher ist nur eine eingeschränkte Gehirntätigkeit möglich und
- übermäßige Gehirntätigkeit macht das Weib krank.

Möbius unterschied zwischen „Weib“ und „Frau“. Seiner Interpretation nach waren heranwachsende weibliche Wesen nur „Weiber“, erst die eheliche Verbindung machte sie zu „Frauen“.

Das Buch erlebte zahlreiche Auflagen, in den letzten ließ Möbius die Proteste aus den Reihen der Frauenbewegung mit abdrucken, darunter den Text eines Vortrages von Hedwig Kettler mit dem Titel *Was ist Frauen-Emanzipation?* Anlässlich der zweiten Generalversammlung des *Deutschen Frauenvereins Reform* sagte sie: „Ich gehöre nicht zu jenen Vertretern der Frauenbewegung, welche sagen: Wir haben in der Frauenfrage so und so viele selbständige Fragen: die Erziehungsfrage, die Erwerbsfrage usw. Ich sage: Wir haben in der Frauenfrage nur eine einzige Frage, nämlich die, ist die erwachsene Frau ein erwachsener Mensch, so gut wie ein Mann, oder ist sie ein großes Kind?' – In dieser einen Frage sind alle anderen Fragen enthalten, und in der Antwort auf diese eine Frage sind auch die Antworten auf alle anderen Fragen enthalten.“

Hedwig Kettler setzte sich seit 1887 aktiv für die gymnasiale Ausbildung von Mädchen ein. Frauen sollte nicht nur der Zugang zu Universitäten gewährt werden, sondern auch die formale Zugangsberechtigung dafür – das Abitur.

Hedwig Kettler, geborene Reder, kam am 19. September 1851 als erste von drei Töchtern eines Eisenbahnbeamten zur Welt. Gemeinsam mit ihren Schwestern besuchte sie eine Höhere Töchterschule. Sie lernte das, was als notwendig für die Vorbereitung auf das Leben der Hausfrau und Mutter erachtet wurde. Da sie aber eine herausragende Begabung für das Malen besaß, ermöglichten ihr die Eltern eine Ausbildung bei Professor Karl Eduard Biermann. Er unterrichtete Landschaftszeichnung an der Berliner Bauakademie und galt als einer der ersten Vertreter der landschaftlichen Aquarellmalerei. Ihre Werke hat sie später in Ausstellungen zeigen können. In Berlin heiratete sie 1880 ihren Vetter Julius Kettler, mit dem sie eine glückliche Ehe führte, aus der zwei Töchter hervorgingen. Julius Kettler respektierte seine Frau als eine eigenständige Partnerin, er unterstütze sie später auch praktisch bei all ihren Aktivitäten zur Frauenbildung.

Warum wurde letztlich das Interesse Hedwig Kettlers an der Frauenbildung geweckt? Dazu gibt es verschiedene Meinungen, nach Ansicht der Tochter Hermine hat sie aus selbstlosen Motiven gehandelt. Sie wollte anderen Frauen den Weg in eine wissenschaftliche oder künstlerische Tätigkeit ebnen, weil sie selbst die Chance bekommen hatte, als Malerin ausgebildet zu werden. Andererseits war ihr nur der Besuch einer Höheren Töchterschule möglich, so erfuhr sie die Differenzierung zwischen männlichen und weiblichen Fähigkeiten selbst. Das könnte ein Grund sein, denn in der Londoner Zeitschrift *Woman's Herald* vom 9. Januar 1892 äußert sie sich: „Es ist zweifellos mehr als ein Fehler, eine künstliche Abgrenzung zwischen den Fähigkeiten der Männer und denen der Frauen zu ziehen. Ich halte es für unlogisch. Als ich noch ein kleines Mädchen war, lange bevor ich etwas über die Frauenfrage wusste, staunte ich darüber, dass Mädchen Fächer nicht studieren sollten, die jeder Junge, und sei er noch so dumm, studieren durfte." Diese willkürliche Unterscheidung zwischen weiblichen und männlichen Fähigkeiten prangert sie immer wieder an. So betonte sie, dass „in der Wiege unsere Töchter nicht unwissender waren als unsere Söhne, sie sind es erst jetzt, nachdem sie erzogen sind".

Um ihre Forderungen durchzusetzen, wurde Hedwig Kettler zunächst publizistisch tätig. Sie gründete 1887 die Zeitschrift *Frauenberuf*, später umbenannt in *Bibliothek der Frauenfrage*. Hier veröffentlichte sie einen Aufruf zur Einrichtung eines Komitees für die Schaffung von Mädchengymnasien. Am 30. März 1888 gründete sich der Verein *Deutscher Frauenverein Reform*. Ab 1891 hieß er *Verein Frauenbildungs-Reform*. Schon im ersten Jahr gehörten ihm 100, ausschließlich weibliche, Mitglieder an. Der Verband versicherte ausdrücklich, keinen politischen oder kirchlichen Standpunkt vertreten zu wollen. Seine Ziele definierte er in der Satzung so: Errichtung von Mädchengymnasien mit dem gleichen Lehrplan, wie ihn die auf die Universität vorbreitenden Knabengymnasien haben;

- Erlangung des Rechtes für diese Gymnasien, über die an denselben abgelegten Prüfungen amtliche Zeugnisse auszustellen, welche, wie die Maturitätszeugnisse der Knaben-Gymnasien, zum Studium an den betreffenden Hochschulen berechtigen;
- Zulassung des weiblichen Geschlechts zum Studium auf Universitäten und anderen wissenschaftlichen Hochschulen;
- Erlangung der staatlichen Erlaubnis für Frauen, diejenigen auf wissenschaftlichen Studien beruhenden Berufe, deren Ausübung einer behördlichen Genehmigung bedarf, auch wirklich ausüben zu dürfen, soweit das praktisch durchführbar ist, und sobald die betreffenden Examensnachweise geliefert sind.

Die Ehrenpräsidentin des Vereins war Hedwig Dohm (1831-1919), Ehefrau des Chefredakteurs der satirischen Zeitschrift *Kladderadatsch* und eine Feministin, die ihrer Zeit weit voraus war. Sie hatte vier Töchter, die alle eine fundierte Schul- und Berufsausbildung erhielten. Zum Vereinsvorstand gehörten zehn Mitglieder, darunter die Juristin Anita Augspurg, die in der Schweiz studiert und promoviert hatte; Agnes Hundoegger, Pianistin, Sängerin und Musikpädagogin an einer hannoverschen Privatschule und Hedwig Kettler als Vorsitzende.

Der *Verein Frauenbildungs-Reform* formulierte sofort seine Forderungen nach der Reform der Mädchenbildung, der Öffnung der Universitäten, vorerst nur für Medizinstudentinnen und der Zulassung von Frauen zum Arztberuf. Petitionen wurden an die Kultusministerien oder Unterrichtsministerien aller Länder, den Reichstag und die Landtage der deutschen Einzelstaaten geschickt. Alle, bis auf eine, wurden abgelehnt.

Baden zeigte sich als „wahrhaft liberales Land“, nach fünfjähriger Vorbereitung wurde am 16. September 1893 in Karlsruhe das erste deutsche Mädchengymnasium eröffnet. Die Schülerinnen hätten, so bemerkte der Oberschulrat, „keinerlei Anwandlungen von Emanzipationslust“, sondern es zeigte sich, dass „Latein, Griechisch und Mathematik mit dem nämlichen Ernste betrieben werden, wie in der höheren Knabenschule“. Sogar die *Gartenlaube* widmete der Schulgründung einen Artikel. Diese erste erfolgreiche deutsche Massenzeitschrift mit einer Auflage von beinahe 400.000 Exemplaren bezeichnete sich als illustriertes Familienblatt und wurde von der ganzen Familie gelesen.

In der Eröffnungsansprache führte Hedwig Kettler aus: „Bildungsfreiheit nun wollen wir versuchen zu schaffen, wir wollen der Frau ermöglichen, ihre geistigen Fähigkeiten so zu entwickeln wie der Mann. Wir glauben, daß kein Mensch das Recht hat, seinem Nebenmenschen, auch wenn dieser eine Frau ist, vorzuschreiben. – Bis hierher entwickelst du dich, aber um keine Linie weiter; bis hierher denkst du, aber um keinen Gedanken weiter! – Und wir glauben, daß kein Mensch das Recht hat, seinem Nebenmenschen, auch wenn dieser eine Frau ist, aus Prinzip das größte Glück des Lebens zu rauben: befriedigende Arbeit in einem selbsterwählten, einem nicht aufgezwungenen Berufe.“

1899, sechs Jahre nach seiner Gründung, bestanden die ersten vier Schülerinnen in Karlsruhe am ersten deutschen Mädchengymnasium die Reifeprüfung. Vier Jahre vorher, 1895, hatte in Sigmaringen Hildegard Ziegler als erstes Mädchen in Deutschland an einem Jungengymnasium das Abitur abgelegt. Sie hatte sich privat in der Schweiz darauf vorbereitet. 1896 erhielten sechs Teilnehmerinnen der von Helene Lange initiierten Gymnasialkurse in Berlin ihr Abiturzeugnis.

Der *Verein Frauenbildungs-Reform* verlegte im Jahr 1893 seinen Sitz im Zusammenhang mit dem Umzug der Familie Kettler

nach Hannover. Professor Julius Kettler war zum Direktor des Statistischen Amtes ernannt worden. Hedwig Kettler setzt sich sofort für die Einrichtung eines Mädchengymnasiums an ihrem neuen Wohnort ein. Ihre erste Eingabe an den Magistrat der königlichen Haupt- und Residenzstadt Hannover, datiert auf den 12. Februar 1893, erfolgte noch von ihrem vorherigen Wohnsitz Weimar aus und wurde vom Rat der Stadt abgelehnt. In Hannover dauerte es sechs Jahre, bis Hedwig Kettler nach einigen ablehnenden Bescheiden am 24. März 1899 vom preußischen Kultusministerium endlich die Genehmigung für die Einrichtung „gymnasialer Kurse“ von fünf Jahren Dauer erhielt. Einige Tage zuvor war sie persönlich nach Berlin gereist und hatte mit dem Referenten des Kultusministers gesprochen.
Damit der erste Kurs beginnen konnte, musste um Schülerinnen geworben werden. Das geschah durch Anzeigen in regionalen und überregionalen Blättern. Als Ansprechpartnerin für Auskünfte und Anmeldungen wurde Frau J. Kettler beim *Verein Frauenbildungs-Reform* genannt. Hedwig benutzte das Initial vom Vornamen ihres Mannes, was damals durchaus üblich war. Sie widersprach aber auch der Auflösung des Buchstabens „J“ in Johanna nicht, sah sie sich doch in ihrem Kampf an die Jungfrau von Orléans erinnert.
Clara Wortmann, Tochter eines Restaurantbesitzers aus Oberhausen, war eine der Schülerinnen des ersten Jahrgangs. Sie hatte zuvor nach Hannover geschrieben: „Durch eine Annonce wurde ich auf Ihr Gymnasium aufmerksam. Ich beabsichtige Medizin zu studieren. Wollen Sie mir gütigst Mitteilung über die dortigen Verhältnisse und Bedingungen machen. Ich bin 14 Jahre alt, evangelisch, und werde am 12. März dieses Jahres konfirmiert. Ich habe die hiesige paritätische Mädchenschule Ostern dieses Jahres absolviert und bin gern bereit meine Schulzeugnisse einzuschicken. Wollen Sie mir gütigst mitteilen, ob ich Aussicht habe, in dem Gymnasi-

um aufgenommen zu werden, alsdann wird mein Herr Vater das nötige veranlassen". Diese Clara Wortmann wurde, nachdem sie erfolgreich das Abitur abgelegt hatte, ihr aber nach der Scheidung der Eltern ein Medizinstudium aus finanziellen Gründen nicht mehr möglich war, unter dem Namen Claire Waldoff als Sängerin von Chansons, Gassenhauern und Couplets berühmt.

Wegen des hohen Schulgeldes von zuerst 160, später 200 bzw. 240 Mark im Jahr stand der Besuch der Schule nur Mädchen aus begüterten Familien offen. In den Familien war es in erster Linie die Entscheidung der Väter, ob sie ihren Töchtern eine Ausbildung gestatteten. Mary Wigmans Stiefvater wollte keinen Blaustrumpf im Haus haben, und so blieb ihr der Zugang zum Gymnasium versperrt. Eva Rotzoll, deren Vater Klosterkammerpräsident war, und Iris Runge, Tochter eines Mathematikprofessors aus Göttingen, gehörten zu den Schülerinnen, die später ein Studium mit einer Promotion beziehungsweise sogar einer Habilitation abschlossen.

Die Schulstunden fanden am Nachmittag statt, damit am Vormittag Zeit für Schularbeiten, also Hausaufgaben, aber auch für häusliche Tätigkeiten blieb. Auf diese Weise sollte gesundheitsschädliche Nachtarbeit der Schülerinnen vermieden werden. Viel Wert wurde auf Turnstunden gelegt, sechs Stunden wöchentlich waren dafür im Stundenplan vorgesehen. Die Lehrkräfte an dieser neuen, privaten Bildungseinrichtung kamen von Jungengymnasien und äußerten sich sehr positiv über ihre Schülerinnen. So sei es „eine Erfrischung gewesen, ... nach mehrstündigem Unterricht an der höheren Knabenschule es mit dem frischen Interesse und Wetteifer der jungen Mädchen zu tun zu haben"... und „Es wäre falsch zu behaupten, daß mathematische Befähigung beim weiblichen Gehirn eine Abnormalität wäre... Wir haben mehrere Beispiele von trefflicher Begabung gehabt".

Die Teilnehmerinnen am ersten Kurs waren alle um die 14 Jahre alt. In den folgenden Jahren schwankte die Altersstruktur stark, zwischen jungen Mädchen fanden sich auch Frauen von mehr als zwanzig Jahren, eine Schülerin war sogar 33 Jahre alt. Ein Problem stellte die Unterbringung der auswärtigen Schülerinnen dar. Da es zur damaligen Zeit noch nicht üblich war, dass junge Frauen allein lebten, mussten geeignete Pensionatsplätze gefunden werden. In Töchterpensionaten waren die Mädchen einem strikten Tagesablauf unterworfen, andererseits waren sie aber auch geborgen.

Büste der Kurfürstin Sophie von Roland Engelhardt

Bevor zu Ostern 1910 die Schule das Recht erhielt, in Anwesenheit eines *Königlichen Kommissars* Reifeprüfungen abzunehmen, war noch ein langer Weg zurückzulegen. Am 23. Januar 1901 wurde dem *Verein Frauenbildungs-Reform* vom Kultusministerium endgültig mitgeteilt, dass der Titel *Mädchengymnasium* nicht gewährt werden würde. Die Schule wurde mit der Höheren Töchterschule III

zusammengelegt und durfte nur noch „realgymnasiale Kurse“ anbieten. Damit wurde in den neuen Jahrgängen kein Griechischunterricht mehr erteilt. Nachdem die Töchterschule in einen Neubau am Neuen Haus im Zooviertel eingezogen und in Sophienschule, nach Kurfürstin Sophie, umbenannt worden war, übernahm Dr. Hermann Schmidt die Leitung der gymnasialen Mädchenbildung. Damit stand den nun sechsklassigen Kursen ein sehr engagierter Direktor vor. Offiziell lautete der vollständige Name der Schule *Sophienschule (Lyzeum III) nebst Studienanstalt (Kurse der realgymnasialen Richtung)*. Nach langem Hin und Her, das sich über mehrere Jahre hinzog, übernahm die Stadt Hannover die Trägerschaft. Endlich war die Finanzierung gesichert, denn bis zu diesem Zeitpunkt hatte der *Verein Frauenbildungs-Reform* für die Unterhaltung der Schule aufkommen müssen und nur geringe städtische Unterstützung erhalten. Zwischen 1904 und 1909 fuhren die hannoverschen Schülerinnen nach Goslar, Hameln und Lüneburg, um sich als so genannte „Wilde“ an den Jungengymnasien der Reifeprüfung zu unterziehen.
Hedwig Kettler war mit der Entwicklung in Hannover nicht zufrieden. Sie strebte nach wie vor die Einrichtung eines „Vollgymnasiums“ an. Da sie sich durch den von ihr gegründeten *Verein Frauenbildungs-Reform* im Stich gelassen fühlte, stellte sie anlässlich seiner 11. Generalversammlung im Jahr 1901 den Antrag auf Auflösung. Als dieser abgelehnt wurde, legte sie aus Protest nach 12 Jahren Vereinsvorsitz den Posten nieder. Dem von ihr anschließend in Hannover neu ins Leben gerufenen Verband *Komitee für vollständige Mädchengymnasien* war kein Erfolg beschieden. Von 1902 bis 1908 schrieb sie unermüdlich Petitionen an den Landtag und das preußische Kultusministerium. Diese wurden zuerst abgelehnt, später dann gar nicht mehr beantwortet. Sie zog sich deshalb ganz aus dem Kampf um die Frauenbildung zurück und war nur noch literarisch und publizistisch aktiv. Die Familie Kettler siedelte im Ersten Weltkrieg nach Berlin über, wo Hedwig am 5. Januar 1937 im Alter von 85 Jahren starb.

Anita Augspurg hatte anlässlich der Eröffnung des ersten deutschen Mädchengymnasiums geäußert, dass der Zulassung von Frauen zum Studium in Deutschland durch das Ablegen des Abiturs nun nichts mehr im Wege stehe, denn „das Gymnasium … gibt nun die Möglichkeit einer solchen Vorbildung, deutsche Frauen sind von heute an nicht mehr gezwungen, als Gast im Auslande, unter schweren Opfern aller Art, die Bildung zu suchen, die ihnen das Vaterland versagt...... Mit dem heutigen Tage wurde eine neue Ära des Frauenstudiums heraufbeschworen, weil das Frauenstudium in Deutschland jetzt sein Heimatrecht erworben“ hat. Sie hatte vorgegriffen, Studienmöglichkeiten in Deutschland für Frauen gab es noch lange nicht. Die Universitäten der Städte Freiburg und Heidelberg im „wahrhaft liberalen“ Baden öffneten 1900 ihre Tore für Studentinnen. Andere Länder folgten. Preußische Hochschulen akzeptierten zwar ab dem Wintersemester 1896/97 Gasthörerinnen, als ordentlich Studierende durften sich Frauen jedoch erst 1908 einschreiben. Bis 1919 war es den Professoren vorbehalten, über die Zulassung von Frauen bei ihren Vorlesungen zu entscheiden.

Literaturhinweis:

Bock, Marion: Hedwig Kettler. Gründerin des ersten deutschen Mädchengymnasiums. In: Frauenwelten, S. 210-220.

Bock, Marion: Hedwig Kettler. Gleiche Bildung für Mann und Frau! In: Sophie & Co. S. 123-138.

Ehrich, Karin: „Wie vieler Augen waren auf sie gerichtet.“ Die ersten Abiturientinnen in Hannover. In: Adlige, Arbeiterinnen und… Frauenleben in Stadt und Region Hannover vom 17. bis zum 20. Jh. Hrsg. von Karin Ehrich und Christiane Schröder. Bielefeld 1999, S. 131-157.

Kleinau, Elke und *Claudia Opitz* (Hrsg.): Geschichte der Mädchen- und Frauenbildung. Bd. 2: Vom Vormärz bis zur Gegenwart. Frankfurt 1996.

Politische Mündigkeit und politische Verfolgung – die Möglichkeit zur Arbeit in Parteien und öffentlichen Ämtern

Viele Frauenvereine setzten sich im letzten Drittel des 19. Jahrhunderts für die Gleichstellung ein. Darunter waren auf der einen Seite die bürgerlichen Frauenvereine, die für das Recht auf höhere, also gymnasiale Bildung und die Zulassung zum Studium kämpften, auf der anderen Seite die proletarischen Frauenorganisationen, die weibliche Erwerbsarbeit bei der Teilnahme am Produktionsprozess forderten. Kirchlich ausgerichtete Frauenvereine vertraten zum großen Teil ähnliche Ziele wie die bürgerlichen. Trotz verschiedener gesamtgesellschaftlicher Konzeptionen gab es als grundsätzliches gemeinsames Ziel die Forderung nach Gleichstellung im persönlichen, wirtschaftlichen und politischen Bereich.

Besonders in der städtischen Mittelschicht war die Zahl der unverheirateten und damit vermögenslosen Frauen angewachsen. Da sie in der Regel über keine Ausbildung verfügten, blieb ihnen der Zugang zum Arbeitsmarkt versperrt. Schon seit langem waren Frauen, oftmals noch halbe Kinder, vom Land in die Städte gekommen und hatten als Dienstmädchen in privaten Haushalten gearbeitet. Sie zogen diese Arbeit einem Leben als Magd auf dem Hof des allein erbberechtigten ältesten Bruders oder eines anderen Bauern vor, wenn sich ihnen keine Möglichkeit zur Verheiratung bot. Mit dem Beginn der Industrialisierung strömten sie nun als Arbei-

terinnen in die Fabriken. Hier leisteten aber nicht nur junge, unverheiratete Mädchen an sechs Tagen in der Woche täglich zehn oder zwölf Stunden schwere Arbeit. Oft blieb den Frauen, auch wenn sie Mann und Kinder hatten, nichts anderes übrig, als zum Familienerwerb beizutragen. Da weibliche Arbeit geringer bezahlt wurde als männliche, stellten Unternehmen bevorzugt Frauen ein. Es kam vor, dass Frauen statt der arbeitslosen Männer allein für die Existenzsicherung der Familie sorgten. Fehlte der Mann im Haushalt völlig, blieb ihnen, da eine öffentliche, soziale Unterstützung fehlte, ohnehin keine andere Wahl. So bestand ein starkes, persönliches Interesse an der Berufstätigkeit. Dabei war es gleichgültig, ob diese erst erkämpft werden musste oder ob der unfreiwillige Zwang zur Arbeit sie nötig machte. Das wirtschaftliche Interesse am eigenen Einkommen bestand in beiden Fällen.
1894 vereinigte sich die in einzelne Verbände zersplitterte Frauenbewegung zum *Bund Deutscher Frauenvereine (BDF).* 34 Frauenvereine verschiedenster Richtung der organisierten Frauenbewegung gründeten ursprünglich den neuen Verband. Die Forderungen von Louise Otto-Peters (1819-1895) – in erster Linie „die erhöhte Bildung des weiblichen Geschlechts und die Befreiung der weiblichen Arbeit von allen Hindernissen“ und bezüglich des Wahlrechts „die Teilnahme der Frauen an den Interessen des Staates ist nicht ein Recht, sondern eine Pflicht“ – waren nach wie vor aktuell. Der *BDF* vertrat als Dachverband die organisierte Frauenbewegung, die mit der Gründung des *Allgemeinen Deutschen Frauenvereins (ADF)* 1865 ihren Ursprung genommen hatte.

Im *BDF* setzten sich nun erstmals Frauen gemeinsam aus unterschiedlichen Beweggründen für das bisher nur für männliche Bürger geltende Grundrecht der persönlichen Freiheit ein. Konkret gefasst waren darin die Forderungen nach gleichen Ausbildungschancen und das Recht auf bezahlte Tätigkeit, nach gleichem Lohn für gleiche Arbeit und für bessere Arbeitsbedingungen. Andere Ziele wie Erleichterungen für Schwangere, Mutterschutz und privatrechtliche Gleichstellung kamen erst später hinzu. Außerdem galt es, die aktive Teilhabe am öffentlichen Leben durch die politische Gleichberechtigung und die Wahlberechtigung zu erreichen. Besonders nachdrücklich wurde seit 1891 von den Sozialisten das gleiche und allgemeine Wahlrecht gefordert. Denn noch am Ende des 19. Jahrhunderts hielt man in bürgerlichen Kreisen Frauen als Hüterinnen des Heimes vom „schmutzigen" Geschäft der Politik fern. Auch die Kirchen lehnten das Frauenwahlrecht ab, da, wie es die Hessische Rechtspartei stellvertretend formulierte, in der Heiligen Schrift das Frauenwahlrecht „nicht ausdrücklich verboten ist, … aber sein Ausschluß zu den Voraussetzungen alles dessen gehört, was Bibel und christliche Kirche unter Zucht und Züchtigung der Frauen verstehen und von jeher verstanden haben". Dem „von der Natur gewollten Unterschied" zwischen den Geschlechtern galt es Rechnung zu tragen. Im Vereinsgesetz von 1850, das zum Ende des Jahrhunderts immer noch galt, war „politischen Vereinen die Aufnahme von Frauenspersonen, Schülern und Lehrlingen" verboten. Auch die Teilnahme an Versammlungen oder Sitzungen, in denen „politische Gegenstände" verhandelt wurden, war Frauen untersagt. Hier zeigte sich deutlich die Vorstellung von der Unvereinbarkeit von Weiblichkeit und Politik.

Als am 1. Januar 1900 das Bürgerliche Gesetzbuch (BGB) in Kraft trat, wurde offensichtlich, dass für verheiratete Frauen weiterhin die Geschlechtsvormundschaft galt. Konkret bedeutete das, sich der Entscheidungsgewalt des Ehemannes unterzuordnen.

Über die Liberalisierung des Vereinsgesetzes 1908 und die Einführung des allgemeinen und gleichen Wahlrechts für alle über 20 Jahre alten Personen, Männer wie Frauen, am 12. November 1918 war formell mit der Wahl der Weimarer

Nationalversammlung am 19. Januar 1919 der Weg in eine parlamentarisch-demokratische Republik frei.
Der Erste Weltkrieg gilt vielfach als Schrittmacher für die Modernisierung in Deutschland, in Bezug auf die Gleichstellung der Frauen war er es auf jeden Fall. Für sie öffnete sich in einem Zeitraum von wenigen Jahren der Zugang zu Rollen, die sie zur Teilnahme am öffentlichen Leben befähigten, wie sie bisher nur Männern vorbehalten war. Die Zahl der berufstätigen Frauen stieg mit Kriegsbeginn sprunghaft an, denn durch die Einberufung der Männer wurden viele Arbeitsplätze frei. Die sehr niedrigen Unterstützungszahlungen für Soldatenfrauen reichten für den Lebensunterhalt einer Familie oft nicht aus und machten deshalb für viele die Berufstätigkeit unumgänglich. Plötzlich verrichteten Frauen als „Ersatzmänner“ Tätigkeiten, die bisher als reine Männerarbeit gegolten hatten. Sie arbeiteten in der Schwerindustrie, bei der Munitionsherstellung oder in der Elektro- und chemischen Industrie. Im Handwerk, zum Beispiel in Tischlereien „standen sie ihren Mann“, und in den kaufmännischen Betrieben oder auch in Restaurants, wo weibliches Personal bislang verpönt war, ersetzten sie die Männer. Größere Städte, so auch Hannover, warben in Zeitungsanzeigen für die Berufe Straßenbahnwagenführerin oder Schaffnerin: Sie suchten gesunde Frauen, die „sofort als Wagenführerinnen ausgebildet und eingestellt“ werden konnten. Man wurde nicht müde, die Leistungen der weiblichen Bevölkerung zu loben, gleichzeitig aber zu betonen, dass die arbeitenden Frauen sich selbst immer bewusst machen müssten, dass sie „in der Hauptsache nur für die Dauer des Krieges den Mann ersetzen, dass aber nachher wieder der Mann seine Stellung im Erwerbsleben“ beanspruchen werde.

Die Kriegseuphorie, die weite Kreise der Bevölkerung bei Ausbruch des Ersten Weltkrieges erfasst hatte, wurde vom

Ehepaar Ada und Theodor Lessing nicht geteilt. Ada kritisierte in erster Linie, dass von den Frauen der Einsatz in der industriellen Kriegsproduktion verlangt, ihnen die politische Mitwirkung aber weiterhin verwehrt wurde. So unterstützte sie tatkräftig die von der SPD getragene Kampagne für das Frauenwahlrecht, indem sie als Rednerin auftrat und Artikel gegen die Militarisierung des Alltagslebens schrieb. Nach der Einführung des allgemeinen und gleichen Wahlrechts trat sie 1920 der SPD bei.

Als Adele Minna Abbenthern und ältestes von drei Kindern am 16. Februar 1883 in Hannover geboren, verlebte Ada eine glückliche Kindheit in idyllischer Abgeschiedenheit. Der Vater betrieb die Waldwirtschaft Bischofshol mitten in der Eilenriede, dem hannoverschen Stadtwald. Das Ausflugslokal mit Biergarten gibt es auch heute noch, nur verlaufen inzwischen in seiner Nähe die Stadtbahnlinie 6 und der Messeschnellweg. Für eine Ehe mit einem viel älteren Rittergutspächter verließ Ada im Jahr 1902, sie war noch nicht volljährig, erstmals das Elternhaus. Diese Episode dauerte nur zwei Jahre, dann kehrte sie zurück und erwähnte die Zeit nie wieder. Nach dem frühen Tod der Mutter im Jahr 1907 brach die Familie auseinander, der Vater heiratete wieder. Ada zog nach Berlin. Ihren ursprünglichen Plan, nach England zu gehen, musste sie wegen mangelnder Sprachkenntnisse und einer fehlenden Berufsausbildung aufgeben. Sie lernte Maschineschreiben, Stenographie und Englisch und fand als Bürokraft eine Anstellung bei der Zeitschrift *Schönheit*, für die sie bald auch Buchrezensionen schrieb. Sie hätte lieber in einem Erziehungsheim gearbeitet, da die pädagogische Arbeit sie mehr interessierte.

Ihren zweiten Ehemann, Theodor Lessing, lernte sie vermutlich um die Jahreswende 1908/09 in Berlin kennen. Er war gerade auf eine Stelle als Privatdozent für Philosophie an die Technische Hochschule Hannover berufen worden. Damals war er noch verheiratet und hatte aus dieser ersten Ehe zwei Töchter. Ada und Theodor Lessing sorgten für einen kleinen Skandal in der Nachbarschaft, als sie sich 1912, schon einige Zeit vor ihrer Hochzeit, als unverheiratetes Paar in der Jöhrensstraße 20 in Hannovers Villenvorort Kirchrode niederließen. Am 8. Februar 1913, zu Theodors Geburtstag, wurde die Tochter Ruth geboren.

Ada und Theodor Lessing, Ankündigung eines Vortrages in der VHS

Ihr Mann war ein viel beschäftigter und oft auf Vortragsreisen abwesender Hochschuldozent, während Ada als Ehefrau und junge Mutter zwar eine glücklich Zeit erlebte, aber auf der anderen Seite die Beschränktheit dieser Rolle empfand. Der Ausbruch des Krieges und seine Auswirkungen auf die Bereiche des täglichen Lebens verdeutlichten ihr besonders krass diesen Widerspruch: Wirtschaft und öffentliches Leben forderten den Einsatz von Frauen, die gleichzeitig in politischer Unmündigkeit gehalten wurden.

Nach dem Krieg führten die schlechte wirtschaftliche Lage und die Inflation zu Not und Verarmung. Unter den aus dem Krieg zurückgekehrten Soldaten war die Arbeitslosigkeit, die alle Gesellschaftsschichten betraf, besonders hoch. Ein Erlass vom *Reichsamt für die wirtschaftliche Demobilmachung* forderte daher neben Arbeitsbeschaffungs- auch Volksbildungsmaßnahmen.

Schon seit 1900 gab es in Hannover „volkstümliche Hochschulkurse", an deren Durchführung sich Hochschullehrer, unter ihnen Theodor Lessing, beteiligt hatten. Als sich 1919 eine Kommission konstituierte, um die Einrichtung von Kursen mit allgemein- und berufsbildendem Inhalt voranzutreiben, engagierten sich auch Ada und Theodor Lessing. „Wissen ist Macht! Wissen macht frei! Bildung ist Schönheit!", diese Maxime diente dem Ehepaar Lessing als Richtschnur für die Umsetzung seiner Ideen bei der Gründung der Volkshochschule in Hannover. Die Maßnahmen zur „Volksbildung" hatten ein vielfältiges Angebot. Hier konnten Elementarkurse in Mathematik und Fremdsprachen ebenso wie Kurse, die sich besonders an Frauen richteten, belegt werden.

Ada Lessing zeichnete sich durch ihre organisatorischen Fähigkeiten bei der Koordination von Planung und Durchführung der Volksbildungskurse aus. Sie fungierte faktisch seit Herbst 1919 als Geschäftsführerin. Die feierliche Eröffnung der Bildungseinrichtung mit dem Namen *Freie Volkshochschule Hannover-Linden*, nach dem Zweiten Weltkrieg als *Volkshochschule Hannover* weitergeführt, fand am 25. Januar 1920 im Alten Rathaus Hannovers statt. Fast 14 Jahre hatte Ada Lessing die Leitung inne, den offiziellen Titel einer Geschäftsführerin trug sie von 1923 bis zu ihrer Entlassung 1933. In der Geschäftsstelle, untergebracht im städtischen Schulamt, organisierte sie den Lehrbetrieb mit bis zu 7.500 Hörerinnen und Hörern jährlich, nebenamtlich Lehrenden und dezentral gelegenen Unterrichtsräumen. Sie hielt auch selbst Kurse ab, zum Beispiel im Jahr 1931 zur „rechtlichen Stellung der Frau in Ehe und Familie“ und zu „Fragen der beruflichen Fortbildung“. Daneben führte sie einen fortwährenden Kampf um die finanziellen Mittel.

Bei den Reichstagswahlen 1932 und 1933 kandidierte sie im Wahlkreis Osthannover für die SPD, war aber nur Nachrückerin. Theodor Lessing hatte Hannover bereits Anfang des Jahres 1933 verlassen, nachdem die Technische Hochschule ihm die Lehrbefugnis entzogen hatte und er sich als Jude persönlicher Verfolgung ausgesetzt sah. Er floh ins tschechoslowakische Marienbad, konnte sein Leben aber nicht retten. Am 30. August 1933 wurde er von Nationalsozialisten ermordet. Auf seinen Kopf war eine Prämie von 80.000 Reichsmark ausgesetzt worden.

Nachdem die NSDAP bei der Kommunalwahl am 14. März 1933 in Hannover die Mehrheit erreicht hatte, wurde die Stadtverwaltung Hannover von etwa 200 „Anhängern der Judenrepublik“ gesäubert, auch Ada Lessing wurde entlassen. „Auf Veranlassung des Vorsitzenden des Verwaltungsausschusses der Volkshochschule, des Senators Stadtschulrat Eggers, hat die bisherige Leiterin der Geschäftsstelle der Volkshochschule, Frau Ada Lessing, ihr Amt niedergelegt“, lautete eine diesbezügliche Pressenotiz.

Sie folgte ihrem Mann nach Marienbad ins Exil und versuchte nach seinem Tod, die Nachlassverwaltung zu regeln. 1937 erhielt sie die tschechoslowakische Staatsbürgerschaft, war aber auch in diesem Land nicht mehr sicher. Es gelang ihr, rechtzeitig vor dem Einmarsch der deutschen Truppen, nach Großbritannien zu fliehen. In Wales arbeitete sie zunächst in einem Kinderheim für emigrierte Kinder, als es bei Kriegsbeginn geschlossen wurde, bewirtschaftete sie eine kleine Farm. Ende 1946 kehrte Ada Lessing nach Deutschland zurück, nachdem sie Kontakt zur neu gegründeten sozialdemokratischen Partei in Niedersachsen aufgenommen hatte. Sie hoffte, an „ihre“ alte Volkshochschule, die am 27. Januar 1946 wieder eröffnet worden war, zurückkehren zu können. Aber in Hannover waren politische Remigranten nicht willkommen. Adolf Grimme, der niedersächsische Kultusminister, berief sie als Beraterin für die von der britischen Besatzung geforderte *Teacher Reeducation* und betraute sie mit dem Aufbau und anschließend der Leitung des Lehrerfortbildungsheimes Schloss Schwöbber bei Hameln. Sie hatte diese Position bis zu ihrem Tod am 10. November 1953 inne.

Ada mit ihrer Tochter Ruth, ca. 1914.

Ruth Lessing, ihre Tochter, heiratete 1931 den Fotografen Hein Gorny, bekam zwei Kinder und überlebte die Kriegszeit in Deutschland. Nach dem Tode von Ada Lessing leitete sie Schloss Schwöbber bis zu dessen Schließung 1970, nachdem sie schon seit 1947 als Mitarbeiterin ihrer Mutter dort tätig war. Sie starb am 21. August 1992.

Die Hauptschule im Schulzentrum Hannover-Bothfeld trägt seit September 1999 den Namen von Ada Lessing. Im Juni 2006 gab die Stadt Hannover ihrer Volkshochschule, die seit 1963 ein eigenes Gebäude am Theodor-Lessing-Platz hat, den Namen *Ada und Theodor Lessing Volkshochschule.*

Ada Lessing wurde ihrer politischen Einstellung wegen verfolgt, sie war überzeugte Sozialdemokratin. Im nationalsozialistischen Staat gab es nur eine einzige Partei, der alle anzugehören hatten. Andersdenkende wurden als störend und gefährlich empfunden und mussten deshalb ausgeschaltet werden. Für Ada Lessing kam erschwerend hinzu, dass sie mit einem Juden verheiratet war, der zur Zeit der Weimarer Republik durch seine kritische, öffentlich geäußerte Meinung unbequem gewesen war. Im akademischen Bereich war schon im 19. Jahrhundert ein mehr oder weniger latenter Antisemitismus spürbar. Mit Beginn des Nationalsozialismus wurden Personen jüdischer Herkunft, auch wenn sie nicht religiös waren, wegen ihrer, wie es im Jargon der damaligen Zeit hieß, „Rasse“ verfolgt. Die Parallele zur Tierwelt wurde bewusst gewählt. Man benutzte auch Vokabeln wie „vernichten“ oder „austilgen“, und bei den späteren Aktionen in den Gaskammern setzte man zur systematischen Tötung mit dem „Zyklon B“ ein Insektenvernichtungsmittel ein. Jüdinnen mit akademischer Bildung waren doppelt suspekt, denn Frauen gehörten nach der nun Boden gewinnenden Auffassung an den heimischen Herd und sollten gesunden deutschen Nachwuchs gebären. Die Berufstätigkeit von Frauen war grundsätzlich unerwünscht, bis sie später zur Unterstützung der Kriegswirtschaft wieder unentbehrlich wurde. Frauen, die ein Studium absolviert hatten, entließ man oft oder versetzte sie auf Stellen, für die sie überqualifiziert waren. Berufe im juristischen, sozialwissenschaftlichen oder technischen Bereich galten als besonders unweiblich.

Zu den akademisch gebildeten Jüdinnen, die in Hannover geboren wurden, zählen Hannah Arendt und Cora Berliner. Hannah Arendt kam in der damals noch unabhängigen Stadt Linden zur Welt. Ihr Geburtshaus am Lindener Markt 2 trägt auf einer Tafel diesen Text: „Hier wurde am 14. 10. 1906 die deutsch-jüdische Historikerin und politische Philosophin Hannah Arendt geboren. Vor dem Nationalsozialismus flüchtete sie 1933 aus Deutschland. Ihr wissenschaftliches Werk ist den Ursprüngen von totaler Herrschaft und Antisemitismus gewidmet. Sie starb am 4. 12. 1975 in New York".
Ihre Eltern waren aus Königsberg nach Hannover gekommen, wo ihr Vater eine Stelle in einer Elektrizitätsgesellschaft bekommen hatte. Aber schon drei Jahre nach der Geburt der Tochter kehrte die Familie in die Heimat zurück, der Vater war schwer erkrankt und starb bald. Hannah wuchs im sozialdemokratisch-orientierten, jüdisch-assimilierten Haus der Großeltern auf. Sie war eine herausragende Schülerin. Die Mutter ermöglichte es ihr, in Berlin bei Bekannten unterzukommen, so konnte sie sich als Gasthörerin an der Universität einschreiben und 1924 an der Königin-Luise-Schule als Externe ein hervorragendes Abitur ablegen.
Da es für sie selbstverständlich war, ein Studium aufzunehmen, ging sie nach Marburg und belegte die Fächer Philosophie, Theologie und Griechisch. Sie war Studentin bei Martin Heidegger (1889-1976), aber es blieb nicht nur bei philosophischen Diskussionen. Mit dem siebzehn Jahre älteren, verheirateten Familienvater unterhielt sie ein intensives Liebesverhältnis. Es verletzte sie tief, als er nicht bereit war, sich öffentlich zu ihr zu bekennen. So sah sie für sich keine andere Möglichkeit, als Marburg zu verlassen und ihr Studium bei Edmund Husserl (1859-1938) in Freiburg fortzusetzen; an-

schließend immatrikulierte sie sich bei Karl Jaspers (1883-1969) in Heidelberg. Bei ihm promovierte sie 1928 mit *Der Liebesbegriff bei Augustin*. Ein Jahr später heiratete sie den Publizisten Günther Anders, mit bürgerlichem Namen Günther Stern (von dem sie 1937 wieder geschieden wurde) und ließ sich mit ihm in Berlin nieder.
In den folgenden Jahren bis zu ihrer Flucht vor den Verfolgungen durch die Nationalsozialisten setzte sie sich intensiv mit der Frage nach ihrer jüdischen Identität und der gesellschaftlichen Assimilation der Juden auseinander und versuchte das jüdische Dasein existenzphilosophisch zu erfassen. Sie begann eine Biographie über Rahel Varnhagen zu schreiben, die 1958 in Englisch und 1989 erstmals in deutscher Übersetzung unter dem Titel: *Rahel Varnhagen, Lebensgeschichte einer deutschen Jüdin aus der Romantik* erschienen ist.
Nachdem sie im Juli 1933 eine Woche lang von der Geheimen Staatspolizei (Gestapo) gefangen gehalten und verhört worden war, weil sie Juden bei der Flucht unterstützt und sich in einer zionistischen Organisation engagiert hatte, floh sie selbst auf Umwegen nach Paris. 1941 wurde sie für fünf Wochen im Lager Gurs in den Pyrenäen interniert, denn auch Frankreich war nach der deutschen Besetzung für Juden nicht mehr sicher. Es gelang ihr auf abenteuerlichen Wegen über Lissabon nach Amerika zu entkommen. Kurze Zeit später wurden viele der Menschen, die gemeinsam mit ihr interniert gewesen waren, von Gurs in die Vernichtungslager des Ostens transportiert. Als freie Publizistin und Cheflektorin bei einem angesehenen New Yorker Verlag tätig, setzte sie sich mit ihrem zweiten Ehemann Heinrich Blücher in den USA für die Unterstützung des Judentums ein. In polemischen Zeitungsartikeln versuchten sie die breite Öffentlichkeit auf die Verfolgungen aufmerksam zu machen, fanden jedoch, wie viele andere auch, in Amerika kein Gehör. Nach dem Krieg erschien Hannah Arendts Hauptwerk *The Origins of Totalita-*

rism, erst 1955 in Deutsch publiziert unter dem Titel *Elemente und Ursprünge totaler Herrschaft*. Es ist eine Auseinandersetzung mit totalitären Ideologien und Herrschaftsformen von den Entstehungsbedingungen des nationalstaatlichen Totalitarismus des 19. Jahrhunderts bis zur Entstehung des Antisemitismus. Dieses Werk festigte ihr Ansehen als gesellschafts- und politikwissenschaftliche Denkerin. Eine andere ihrer zahlreichen Veröffentlichungen wurde kontrovers diskutiert: Die aus ihrer Tätigkeit als Berichterstatterin beim Eichmann-Prozess in Jerusalem 1961 entstandene Reportage *Eichmann in Jerusalem. Ein Bericht von der Banalität des Bösen*. Zwei Jahre nach der englischen Ausgabe erschien 1965 die Veröffentlichung in Deutsch.
Hannah Arendt erhielt 1951 die amerikanische Staatsbürgerschaft, nach ihrer Ausbürgerung aus Nazideutschland galt sie bis zu diesem Zeitpunkt als staatenlos. Sie lehrte an verschiedenen Universitäten in den USA, reiste aber schon 1949/50 zum ersten Mal in ihrer Funktion als Direktorin der *Jewish Cultural Reconstruction Organization* zur Rettung jüdischen Kulturgutes wieder nach Deutschland. Sie starb am 4. Dezember 1975 bei einer angeregten Diskussion mit Freunden in New York als eine hoch geachtete politische Denkerin, Philosophin und Historikerin. Im Laufe ihres Lebens war sie mit internationalen und deutschen Preisen geehrt worden.
Im Stadtteil Badenstedt wurde 1986 ein Hannah-Arendt-Weg angelegt, ein zweiter Weg gleichen Namens ist ein Spazierweg im Maschpark hinter dem Neuen Rathaus. Jährlich zum Geburtstag der Autorin veranstaltet die Stadt Hannover im Neuen Rathaus unter der Schirmherrschaft des Oberbürgermeisters „Hannah-Arendt-Tage“. Mit der Durchführung der Veranstaltung ist ein Kuratorium betraut, dessen Statut Hannah Arendt zitiert: „Verstehen heißt, die Last, die unser Jahrhundert uns auferlegt hat, untersuchen und bewußt ertragen – und zwar in der Weise, die weder deren Existenz leugnet

noch sich unter deren Gewicht duckt. Kurz gesagt: Verstehen heißt, unvoreingenommen und aufmerksam der Wirklichkeit, wie immer sie aussehen mag, ins Gesicht zu sehen und ihr widerstehen." Die Veranstaltung, eine Begegnung zwischen Philosophie und Politik, steht immer unter einem bestimmten Thema. 2007 hieß es *Die Krise der politischen Repräsentation.*
In der Stadtbibliothek in der Hildesheimer Straße wurde im Dezember 2003 ein Hannah-Arendt-Raum als „Denkstätte" eingerichtet. Hier findet auch die Vortrags- und Diskussionsreihe *Hannah-Arendt-Lectures* statt. Zwei Schulen heißen inzwischen nach der politischen Philosophin. Die *Hannah-Arendt-Schule BBS Wirtschaft* feierte am 11. Dezember 1998 in einem Festakt die neue Namensgebung, das *Hannah Arendt Gymnasium Barsinghausen* trägt seit dem 10. Dezember 1999 diesen Namen.
Hannover als „Zufluchtsstadt" unterstützt im Rahmen von *ICORN (International Cities of Refuge Network)* ein internationales Städtenetzwerk für verfolgte Schriftsteller und Schriftstellerinnen. Die Stadt vergibt ein Hannah-Arendt-Stipendium, zu dem eine Gastwohnung nicht weit entfernt vom Geburtshaus Hannah Arendts gehört.

Cora Berliner hat die nationalsozialistische Zeit nicht überlebt. Sie ist am 22. oder 24. Juni 1942 deportiert worden und wurde vermutlich in Maly Trostinez bei Minsk ermordet. Am Grab ihres Onkels Joseph Berliner auf dem jüdischen Friedhof An der Strangriede erinnert ein Gedenkstein an sie. Unermüdlich hatte sie als Mitglied der *Reichsvereinigung der Juden in Deutschland* bis zuletzt versucht Personen außer Landes zu bringen, auch nachdem seit Oktober 1941 die Ausreise verboten war. Ihr gelang es nicht mehr, für sich selbst die notwendigen Papiere zu beschaffen.
Cora stammte aus der jüdischen Familie Berliner, die seit 1773 in sechs Generationen in Hannover ansässig war und im

19. Jahrhundert als eine bedeutende Industriellenfamilie zur wirtschaftlichen Entwicklung der Stadt beigetragen hat. Ihr Vater gründete die älteste private Handelsschule in Hannover, ihr Onkel Emil, später in Amerika nannte er sich Emile, erfand die Urform der Schallplatte sowie das Grammophon. Gemeinsam mit seinem Bruder Joseph gründete er die *Deutsche Grammophon Gesellschaft.* Das ehemalige Werksgebäude liegt an der Podbielskistraße. Jakob und Joseph Berliner waren die Gründer der *Hackethal-Draht-Gesellschaft.* Nach der Emigration setzten Mitglieder der Familie im Ausland die wissenschaftlichen und wirtschaftlichen Erfolge fort.

Cora Berliner wurde am 23. Januar 1890 in Hannover geboren, ihr Elternhaus stand in der Hildesheimer Straße 237. Sie studierte nach dem Abitur zunächst Mathematik, dann Nationalökonomie, nach heutigem Verständnis Staatswissenschaft und Volkswirtschaft. In diesem Fach wurde sie 1916 in Heidelberg zum Dr. rer. pol. promoviert mit einer Dissertation unter dem Titel: *Die Organisation der jüdischen Jugend in Deutschland. Ein Beitrag zur Systematik der Jugendpflege und Jugendbewegung.*

Als Beamtin im Reichswirtschaftministerium in Berlin war sie seit 1919 für Fragen des Verbraucherschutzes und der Genossenschaft zuständig. Obwohl sie die einzige Frau unter den Beamten des Ministeriums war und von daher einen schweren Stand hatte, machten sie ihre ausgezeichnete Sachkenntnis und ihr bestimmtes Auftreten schnell zu einer unentbehrlichen Mitarbeiterin. Sie muss wohl auch einen der höchsten Beamten des Ministeriums, Dr. Hans Schäfer (1886-1967), beeindruckt haben, der sie in seine Abteilung versetzen ließ. Hier arbeitete sie bei der Gründung des Reichswirtschaftsrates und der Bezirksräte mit. Nach ihrer Versetzung ins Reichswirtschaftsamt (Statistisches Reichsamt Berlin) wurde sie 1923 zur Regierungsrätin ernannt, eine Rangstufe, die es bis dahin für Frauen noch nicht gegeben hatte. Als eine der Leiterinnen der Behörde arbeitete sie unter anderem an der Inflationsbekämpfung mit. Von 1924 bis zur Übernahme der Regierungsgewalt durch die Nationalsozialisten war sie als Assistentin des Direktors des Statistischen Reichsamtes beschäftigt. Sie wirkte bei der Umstellung des Außenhandels auf Goldwährung mit und hatte so einen Anteil an der Stabilisierung der deutschen Wirtschaft. In ihrer Funktion als Assistentin des Direktors beriet sie 1927 ein halbes Jahr lang die Wirtschaftsabteilung der Deutschen Botschaft in London. Als ausgezeichnete Kennerin der wirtschaftswissenschaftlichen Zusammenhänge wurde sie 1930 auf eine Professur für Wirtschaftswissenschaften an das Berufspädagogische Institut in Berlin berufen.

Ihre Karriere endete jäh, als am 7. April 1933 das *Gesetz zur Wiederherstellung des Berufsbeamtentums* erlassen wurde. Ihres Amtes enthoben und ohne Bezüge und Ansprüche auf Versorgungsleistungen, wurde sie aus dem Dienst entlassen. Mit dem Reichsbürgergesetz, einem der beiden am 15. September 1935 erlassenen Nürnberger Gesetze, verloren Jüdinnen und Juden das politische Wahlrecht.

Schon als junges Mädchen hatte sie sich im sozialen Bereich eingesetzt, als Helferin bei der *Jüdischen Bahnhofshilfe*, später als Dozentin bei *Akademischen Unterrichtskursen für Arbeiter*. Während des Studiums engagierte sie sich intensiv beim *Verband der jüdischen Jugendvereine Deutschlands (VJJD)*. Nach ihrer Entlassung aus dem Staatsdienst half sie mit, die zentrale jüdische Selbsthilfeorganisation aufzubauen. Bei der Gründungsveranstaltung des *Zentralausschusses für Hilfe und Aufbau* nahm sie als Vertreterin des *Central-Vereins deutscher Staatsbürger jüdischen Glaubens (CV)* teil. Hier befasste sie sich hauptsächlich mit Arbeits- und Ausreisemöglichkeiten für Juden.

Nachdem im September 1933 die *Reichsvertretung der deutschen Juden*, ab 1939 umbenannt in *Reichsvereinigung der Juden in Deutschland,* als neue Dachorganisation gegründet worden war, betraute man sie mit dem Arbeitsgebiet für Wirtschafts- und

Sozialfragen. Daneben war sie noch für die Presseabteilung zuständig und leitete einige Jahre die Statistische Abteilung, zeitweise übernahm sie auch die Korrespondenz für die *Reichsvertretung.* Sie war Vizepräsidentin des *Jüdischen Frauenbundes (JFB),* der seit 1907 zum *Bund Deutscher Frauenvereine (BDF)* gehörte, bis er 1938 zwangsweise aufgelöst worden war. 1936 reiste sie für einige Wochen nach Israel, um sich von den dortigen Lebens- und Arbeitsbedingungen selbst ein Bild machen zu können. Außerdem war sie unermüdlich schriftstellerisch tätig und hielt Vorträge. In ihrer Funktion als Leiterin der Wanderungsabteilung der *Reichsvereinigung* knüpfte sie ab 1939 Kontakte zu Konsulaten und Botschaften der Länder, die Juden aufnahmen. Ein besonderes Arbeitsgebiet, das auch der *JFB* schon als seine Aufgabe angesehen hatte, betraf die Auswanderung von Frauen.
Alle Bitten und Appelle von Bekannten und Freunden und bereits ausgewanderten Familienangehörigen, sich auch um die eigene Ausreise zu kümmern, ignorierte sie mit dem Hinweis, sie könne nicht gehen, ehe sie nicht allen von ihr Betreuten geholfen habe. Zu spät hat sie sich um ein *Affidavit* für die Einreise nach Amerika bemüht.
Der Rat der Stadt Hannover hat am 21. Februar 2008 beschlossen, den Teil der Windmühlenstraße zwischen Georgstraße und An der Börse in Cora-Berliner-Weg umzubenennen. Die Namensgebung und Aufstellung entsprechender Schilder soll erfolgen, sobald die Bauarbeiten vollständig abgeschlossen sind. Hier wurde die Bezeichnung „Weg" bewusst gewählt. Es wird keine Straße für den Autoverkehr mehr geben, die den Platz zwischen Opernhaus und Mahnmal für die deportierten, jüdischen Menschen zerschneidet.

Eine Kommunistin, die aus politischen Gründen deportiert wurde, war Orli Wald-Reichert. Sie hatte, physisch und psychisch schwer krank, das Konzentrationslager Auschwitz, überlebt, „aber sie konnte die Freiheit nicht überleben", wie eine ehemalige Mitgefangene nach Orlis Tod am 1. Januar 1962 sagte. Sie starb, vermutlich an den Folgen eines Selbstmordversuchs, mit nur 48 Jahren in der psychiatrischen Heilanstalt in Ilten bei Hannover.

Geboren wurde sie als Aurelia Torgau am 1. Juli 1914 im französischen Bourell, wuchs aber in Trier auf. Die deutsche Familie war zu Beginn des Ersten Weltkrieges interniert und dann abgeschoben worden. Als Tochter aus einer Arbeiterfamilie kam sie schon früh mit dem kommunistischen Gedankengut in Berührung und engagierte sich aktiv im *Kommunistischen Jugendverband Deutschlands (KJVD)*. 1935 heiratete sie den Bauarbeiter Friedrich-Wilhelm Reichert. Obwohl sich ihr Mann bald der neuen politischen Richtung anschloss und Mitglied der SA wurde, setzte sich Orli, wie sie genannt wurde, weiterhin für die Kommunisten ein. Die Gruppe, in der sie bei der Verteilung von Parteischriften mitarbeitete, wurde entdeckt und vor Gericht gestellt. Im Jahr 1936 verurteilte der 5. Strafsenat des Oberlandesgerichts in Hamm /Westfalen die „Ehefrau Fritz Reichert, Aurelia geb. Torgau" wegen „Vorbereitung eines hochverräterischen Unternehmens" zu 4 Jahren und 6 Monaten Zuchthaus. Als ihre Gefangenschaft begann, war Orli gerade 22 Jahre alt. Zu der Zeit wurde Hochverrat noch mit Zuchthaus bestraft, wenige Jahre später hätte eine solche Anklage das Todesurteil bedeutet.

Orli Reichert verbüßte ihre gesamte Haftstrafe im Zuchthaus Ziegenhain bei Kassel. Ihr Mann ließ sich 1939 von ihr scheiden. Am Ende der Haftzeit wurde sie allerdings nicht in die Freiheit entlassen, sondern in „Schutzhaft" ins Frauenkonzentrationslager Ravensbrück genommen. Am 26. März 1942 kam sie mit dem ersten Frauentransport von Ravensbrück nach Auschwitz ins Frauenlager, wo sie die Häftlingsnummer 502 erhielt. Die Zeit vom Herbst 1942 bis zum Kriegsende verbrachte sie im Nebenlager Birkenau. Hier wurde sie dem

Häftlingskrankenhaus zugewiesen und erhielt im Jahr 1943 den Posten der Lagerältesten.
Durch ihren selbstlosen Einsatz für ihre Mitgefangenen – von diesen „Heldin von Auschwitz“, auch „Engel von Auschwitz“ genannt – versuchte sie mit Wagemut und List ihren Leidensgenossinnen im Häftlingskrankenhaus zu helfen. So retteten kleine Zuwendungen an Essbarem viele. Sie half, indem sie Krankenakten vertauschte oder, gemeinsam mit einer jüdischen Häftlingsärztin, Mitgefangenen wegen des Verdachts auf Fleckfieber eine kleine Ruhezeit im Krankenhaus ermöglichte. Auch die jüdische Ärztin wurde von ihr vor dem Tode bewahrt. „Sie war ein kämpfende Idealistin“, die sich nie in ihrem Selbsterhaltungstrieb um das Essen geschlagen hat, stattdessen gefährdete sie mit ihrem Einsatz immer wieder ihr eigenes Leben. Aber nicht immer hatte sie Erfolg. Die nach dem Krieg geschriebene Erzählung *Das Taschentuch* schildert, wie sie ein kleines, blindes Mädchen vor der tödlichen Spritze nicht schützen konnte. Orli gehörte der deutschen Widerstandsgruppe im KZ Auschwitz an, über ihre genauen Aufgaben bis zum Aufstand am 7. Oktober 1944 ist nichts bekannt.
Ihre letzte Haftstation war das Nebenlager Malchow des Konzentrationslagers Ravensbrück, wohin sie von der SS am 18. Januar 1945 mit einem der Evakuierungsmärsche geschickt worden war. Diese Todesmärsche der entkräfteten Häftlinge in bitterer Winterkälte sollten die Befreiung der Gefangenen durch die heranrückende Rote Armee verhindern. Von dort gelang ihr die Flucht, allerdings geriet sie in die Hände sowjetischer Soldaten, die sie vergewaltigten. Orli überlebte tuberkulosekrank mehr als acht Jahre Haft und kam Ende 1945 ins Sanatorium Sülzhayn im Harz. Dort lernte sie den Redakteur Eduard Wald kennen, auch er ein kommunistischer Widerstandskämpfer, der den Krieg als Häftling in Zuchthäusern und Lagern überlebt hatte. Nach der Heirat

1947 zog sie mit ihm nach Hannover. Ihre Wohnung lag in der Südstadt, Am Graswege 12. Als nach dem Zweiten Weltkrieg im Osten Deutschlands die Repressalien gegen ehemalige Häftlinge der Konzentrationslager einsetzten und in Russland der stalinistische Terror begann, sagte sich das Ehepaar Wald vom Kommunismus los. Beide traten in die SPD ein, Eduard Wald engagierte sich als Gewerkschafter.
Orli konnte die Erlebnisse in der Haftzeit nicht verarbeiten und verbrachte längere Zeit in Sanatorien. Sie versuchte sich künstlerisch zu betätigen und nahm Malunterricht bei Erich Wegner (1899-1980). Im April 1961 sollte in Israel der Prozess gegen Adolf Eichmann beginnen, außerdem wurden in Zusammenhang mit der Vorbereitung des Auschwitz-Prozesses in Frankfurt Anfragen an Orli Wald gerichtet. Sie sollte als Zeugin geladen werden. Den SS-Unterscharführer, der in Auschwitz-Birkenau das kleine, blinde Mädchen zur Tötung abholte, hatte sie mit dem Mut der Verzweiflung angeschrieen „Sie sind ein Mörder und dafür werden Sie sich verantworten müssen“, aber es hatte damals nichts geändert. Die Vorbereitung des Gerichtsprozesses gegen die Mörder führte nun bei ihr zu Wahnvorstellungen. Sie glaubte sich wieder inhaftiert und warf sich selbst vor, nicht genügend Hilfe geleistet zu haben. Ihre ehemalige Haftkameradin und lebenslange Freundin Margareta Glas berichtete von ihrem letzen Gespräch mit Orli kurz vor deren Tod, in dem sie voller Verzweiflung gesagt hatte „Ich kann Auschwitz nicht vergessen. Ich sehe noch immer die brennenden Kamine und die Kinder, die in das offene Feuer geworfen werden. Ich habe vergebens gekämpft und ich kann in der heutigen Zeit nicht mehr weiterkämpfen. Wofür lebe ich noch?“
Zu Orli Wald-Reicherts Nachlass gehört eine kleine Zahl von Erzählungen, in denen sie Erlebnisse aus ihrer Haftzeit in Auschwitz schildert. Ihre Urne wurde in der Grabstätte der Familie Wald auf dem Stadtfriedhof an der Engesohde beige-

setzt. Der Oberbürgermeister der Stadt Hannover ehrt Orli Wald mit regelmäßigen Kranzniederlegungen. 2007 wurde die Alte Döhrener Straße entlang des Friedhofs in Orli-Wald-Allee umbenannt. Seit 1984 gibt es im Stadtteil Wettbergen einen Reicherthof. Auch wenn mit der Benennung dieser Sackgasse mit dem Namen „Reichert“ an den Familiennamen erinnert wird, den Orli trug, als sie zum „Engel von Auschwitz“ wurde, wäre der Zusatz des Vornamens gewiss hilfreich.

Literaturhinweis:
www.hannah-arendt-hannover.de
Duda, Sibylle: Hannah Arendt: Freundschaft ist die Grundlage aller Menschlichkeit. In: Sophie & Co., S. 215-225.
Frevert, Ute: Frauen-Geschichte zwischen bürgerlicher Verbesserung und neuer Weiblichkeit (es 1284, Edition Suhrkamp, N. F. 284). Frankfurt 1986.
Heuer, Wolfgang: Hannah Arendt in Selbstzeugnissen und Bilddokumenten. Reinbek 1984. (rororo monographie 379).
Huerkamp, Claudia: Bildungsbürgerinnen. Frauen im Studium und in akademischen Berufen 1900-1945. Göttingen 1996.
Steger, Bernd und *Günter Thiele*: Der dunkle Schatten, Leben mit Auschwitz. Erinnerungen an Orli Reichert-Wald. Hrsg. von Peter Wald. Marburg 1989.
Young-Brühl, Elisabeth: Hannah Arendt: Leben, Werk und Zeit. Frankfurt/M. 1991. (Fischer TB).
Wissen ist Macht, Bildung ist Schönheit. Ada & Theodor Lessing und die Volkshochschule Hannover. Katalog zur Ausstellung des Stadtarchivs zum 75 jährigen Bestehen der VHS. 26.1. – 4.3.1995 in der VHS Hannover. Hannover 1995.
Ziegler, Charlotte: 1919-1969 Volkshochschule Hannover. Eine pädagogisch-historische Studie. Hannover 1970.

Von Tanz bis Technik – Künstlerinnen zwischen zwei Weltkriegen

Am 13. November 1886 wurde in der Schmiedestraße 33, in der Nähe der Marktkirche und direkt gegenüber dem Leibnizhaus, Karoline Sophie Marie Wiegmann geboren. Ihr Vater betrieb gemeinsam mit zwei Brüdern ein Geschäft für Nähmaschinen, Fahrräder und fernöstliche Waren aus den Kolonialgebieten. Der älteste Bruder starb früh, kurz nach Maries 9. Geburtstag auch der Vater. Daraufhin heiratete die Mutter dessen Zwillingsbruder, der die Familie und das Geschäft übernahm.

Das kleine Mädchen, schon früh Mary gerufen, wurde in einer Höheren Töchterschule auf ihre Aufgabe als Hausfrau und Mutter vorbereitet. Mary selbst hätte gern das neu gegründete Mädchengymnasium besucht und dann einen Beruf erlernt, aber der Stiefvater wollte keinen Blaustrumpf im Haus. Theodor Lessing beschrieb zwar in einer Glosse die schlechten Schulleistungen Marys und legte dem Schuldirektor folgende Worte in den Mund: „Wir empfehlen ihr, eine andere Stelle für ihr Wirken aufzusuchen. Denn dieses Mädchen rutscht immer weiter auf der abschüssigen Bahn und nimmt ein schlimmes Ende", aber es nahm kein schlimmes Ende und einen Beruf erlernte Marie Wiegmann auch.

Sie wurde in Hellerau bei Dresden zur Rhythmiklehrerin ausgebildet und unterrichtete bei Rudolf von Laban in der Schweiz. Schon bald fing sie an, selbst zu choreographieren

und ihre eigenen Choreographien zu tanzen. Mit 27 Jahren startete sie unter dem Künstlernamen Mary Wigman eine großartige Karriere und entwickelte einen neuen Tanzstil, bei dem sie den eigenen Körper zu einem Ausdruckselement formte. Durch hartes Training wurde er dazu gebracht, Impulse und Intuitionen visuell umzusetzen und das humanistische Ideal des ganzheitlichen Menschen in seinem Licht- und Schattendasein zu zeigen. Was befreit von allen einengenden Zwängen des klassischen Balletts anfangs als Barfußtanz belächelt oder abgelehnt wurde, ging als moderner Ausdruckstanz in die Tanzgeschichte ein. Mary Wigman selbst hat ihren Tanzstil nie so genannt, für sie war es der „Neue künstlerische Tanz“ oder der „Freie Tanz“.
Durch die politische Entwicklung in Deutschland wurde sie mehrmals in ihrem Leben zu einem Neubeginn gezwungen. Sie hatte sich noch aktiv an der choreographischen Gestaltung der Eröffnungsfreier zu den Olympischen Spielen 1936 beteiligt, aber bald schon gefiel ihre Art zu tanzen den neuen Machthabern nicht. Ihre Kunst wurde als entartet diffamiert. Wenn Propagandaminister Joseph Goebbels ihrer internationalen Berühmtheit wegen auch nicht wagte, sie persönlich anzugreifen, musste sie 1942 doch die eigene Tanzschule in Dresden schließen. Nach dem Zweiten Weltkrieg wagte sie einen Neubeginn in Leipzig, geriet aber auch hier mit den politischen Autoritäten in Konflikt. Es gelang ihr, nach Westberlin überzusiedeln und wieder eine Tanzschule zu eröffnen. Mit Hannover verband sie ihr Leben lang eine persönliche Beziehung, denn eine ihrer herausragenden Schülerinnen wirkte am Opernhaus als Ballettmeisterin.
Yvonne Georgi (1903-1975) kam aus einem gut situierten Elternhaus in Leipzig. Als 17-jähriges Mädchen sah sie im November 1920 Mary Wigman auf der Bühne und war ihr verfallen. Wie es ihr gelang, ihre Eltern davon zu überzeugen, dass ihre Zukunft im Tanz und auf der Bühne und nicht in

der Bibliothek liege, blieb ihr Geheimnis. Sie hatte, auf Wunsch der Eltern, eine Ausbildung zur Bibliothekarin an der Deutschen Bücherei in Leipzig begonnen und gab nun diesen sicheren Beruf für eine ungewisse Zukunft auf. Auf die dreijährige Ausbildung bei Mary Wigman und einige Tourneen mit ihrer Tanztruppe folgte ein erstes, festes Engagement in Münster. Schon eine Spielzeit später wurde sie mit nur 23 Jahren die jüngste Ballettmeisterin Deutschlands am Reußischen Landestheater in Gera. Wiederum nur ein Jahr später, zum Winter 1926/27, wechselte sie als Ballettmeisterin an das Landestheater Hannover und blieb dieser Stadt, wenn auch mit Unterbrechungen, für beinahe 50 Jahre bis zu ihrem Tod am 25. Januar 1975 verbunden.

Das von G. L. F. Laves 1845-1852 erbaute Königliche Hoftheater. Hier feierte Yvonne Georgi ihre größten Triumphe. Im Zweiten Weltkrieg völlig zerstört, wird es jetzt als Opernhaus genutzt.

Es gelang ihr, bedeutende Solisten an das hannoversche Opernhaus zu holen, darunter Harald Kreutzberg, auch er ein Wigman-Schüler, der an der Deutschen Oper Berlin tanzte. Über viele Jahre galten Georgi und Kreutzberg als ein Traumpaar, sie feierten als bekanntestes Solotanzpaar auf den heimischen, aber ebenso auf amerikanischen Bühnen glänzende Erfolge. In Hannover war man einerseits stolz auf den internationalen Ruhm der Ballettmeisterin, andererseits wurden ihre langen Auslandstourneen mit wenig Wohlwollen gesehen. 1931 erhielt sie, begründet mit den Sparmaßnahmen der Stadt, die Kündigung. Sie ging in die USA, kehrte aber bald nach Europa zurück und arbeitete in Holland. Dort versuchte sie ein holländisches Nationalensemble aufzubauen, doch wurden ihre Pläne durch die deutsche Besetzung des Landes zunichte gemacht. Wegen ihres Einsatzes bei Kraft-durch-Freude-Veranstaltungen erhielt sie nach dem Krieg vorübergehend Berufsverbot.

Unter Yvonne Georgi entwickelte sich Hannover zur europäischen Ballettmetropole. Nach Zwischenstationen als Ballettmeisterin der Abraxas-Kompanie und bei den Städtischen Bühnen in Düsseldorf, war sie seit dem Beginn der Spielzeit 1954/55 wieder Ballettmeisterin beim Landestheater in Hannover. Zahlreiche Ballettabende mit herausragenden Choreographien, in denen Elemente des klassischen Balletts mit denen des modernen Ausdruckstanzes verbunden wurden, fanden im Opernhaus und im Ballhof statt. Zu Georgis Lebenswerk gehören mehr als 20 Ur- oder deutsche Erstaufführungen, davon mehr als zwei Drittel auf hannoverschen Bühnen. Besonders bemerkenswert war 1957 die Uraufführung des Elektronischen Balletts nach Musik von Henk Badings (1907-1987). In den Sommermonaten fanden im Großen Garten in Herrenhausen Königliche Spiele statt. Bei der Gestaltung dieser Festspiele choreographierte sie Tanzaufführungen, die nicht nur auf der Bühne des Barocktheaters stattfanden, sondern auch den Garten mit seinen Fontänen einbezogen. Die Tanzabteilung an der Akademie, jetzt Hochschule für Musik und Theater, entwickelte sich unter der Leitung von Yvonne Georgi, die inzwischen den Professorentitel trug, zu einer hervorragenden Ausbildungsstätte für den tänzerischen Nachwuchs.

Grabmal von Yvonne Georgi, Friedhof an der Engesohde

Doch leider – die Ballettabteilung gibt es nicht mehr, sie wurde eingespart! Die Allee, die auf den Haupteingang des Friedhofs an der Engesohde zuführt, trägt den Namen Yvonne Georgis, auf diesem Friedhof befindet sich auch ihr Grab. Das Theatermuseum Hannover erhielt nach ihrem Tod einen großen Barockschrank mit ihrem künstlerischen Nachlass, darunter unzählige Kostüme, Programme und Kritiken.

Seit 1873 durfte sich Hannover Großstadt nennen – die Zahl der Einwohner war auf mehr als 100.000 angewachsen – und war um die Jahrhundertwende die sechstgrößte Stadt im Deutschen Reich. Im Herzen der Stadt, vor dem Opernhaus, entstand eine Promenier- und Flaniermeile auf der Georgstraße. Aber auch in den angrenzenden Straßen herrschte ein reges Treiben in Bürohäusern und Geschäften. Frauen fingen im 20. Jahrhundert an, berufstätig zu sein und den Männern Stellungen wie Büroschreiber, Kontorist oder Sekretär streitig zu machen. Die Schreibmaschine, bis dahin als Hilfe für Blinde oder Taubstumme nur in geringer Anzahl gebaut, wurde serienmäßig hergestellt und beschleunigte die Arbeitsvorgänge im Büro. Hier entstand ein Arbeitsfeld für junge Frauen, die schnell lernten, diese neuen Instrumente mit großer Geschwindigkeit zu bedienen. Als „Tippfräulein“ etwas abfällig tituliert, eroberten sie sich eine feste Stellung im Büroalltag und machten sich als Sekretärinnen unentbehrlich. Mit der Stenotypistin entstand ein besonderes Berufsfeld nur für Frauen.
Viele Menschen kamen täglich in die Stadt, um zu arbeiten oder einzukaufen und zu bummeln. Zahlreiche Cafés und andere Vergnügungsstätten waren entstanden. 1867 brachte der findige Konditormeister Georg Robby (1831-1893) von der Pariser Weltausstellung die Idee mit, einen Pavillon aus Gusseisen und Glas konstruieren zu lassen. An der Ecke des Theaterplatzes und der Georgstraße wurde das *Café Robby*

errichtet. Der Enkel des „Schweizer Conditor" aus dem Engadin verlegte sein renommiertes Etablissement in den orientalisch anmutenden Neubau und machte es zum Mittelpunkt der Stadt. Sein Oberkellner Wilhelm Kröpcke (1855-1915) pachtete es später und führte es unter seinem Namen weiter. Seit 1885 gibt es an zentraler Stelle in Hannover ein *Café Kröpcke* – und es ist wohl nur recht und billig, dass dieser Platz 1948 auch amtlich so benannt wurde.

Das Kröpcke hatte sich in den 20er Jahren des letzten Jahrhunderts zum Treffpunkt der Bohème entwickelt. Aber nicht nur dort traf man sich, sondern auch im *Haus Basse* in der Georgstraße 54. In der Wohnung von Kate Steinitz (1889-1975) und ihrem Mann Ernst versammelte sich die internationale Avantgarde. Hier verkehrten Claire Waldoff und Mary Wigman, El Lissitzky, die Bauhauskünstler Laszlo Moholy-Nagy und Ludwig Hilbersheimer, die Architektin Lucy Otto-Hilleband, Raoul Hausmann, Ada und Theodor Lessing, der hier die von ihm so ersehnten Farbtupfer in der ansonsten „fahlsten aller deutschen Städte", der „Provinzhauptstadt in Norddeutschland" fand. Alle hinterließen ihre Spuren im Gästebuch von Kate Steinitz. Unter den Besuchern war sehr häufig Kurt Schwitters (1887-1948), der „Dadaist im Bratenrock". Dada allein genügte ihm nicht, er erfand die MERZ-Kunst. Benannt nach dem Mittelteil des Wortes Commerzbank, das er in seinen Collagen verwendete, entstand eine eigenständige Kunstrichtung. Kate Steinitz und er fanden sich im spielerischen Umgang mit Worten und Bildern und bildeten schon bald ein erfolgreiches Autorenteam, und – da ihre Werke keinen Verleger fanden – mit einem eigenen Verlag auch ein erfolgreiches Gespann. Aus ihrer Feder flossen *Die Märchen vom Paradies*, der *Hahnepeter* und *Die Scheuche*, phantasievoll illustrierte Werke.

Kate Steinitz schrieb außerdem Artikel für verschiedene Tageszeitungen. Da sie sich für das Autofahren begeisterte, drehten sich viele um die moderne Frau am Steuer. In *Kraftwagen 1928,* illustrierte Beilage des *Hannoverschen Kuriers* las man in einem Beitrag von ihr: „Das Autofahren der Dame ist eine schöne, aber auch eine ernste Sache, durchaus keine Spielerei. Selbst die schöne Frau im schönheitspreisgekrönten Wagen muß dauernd aufpassen. Im Straßengewühl geht es immer um Sekunden. Dazu ist das Fahren eine Schule der Frauen, eine Lebenserziehung. Gewandt sein in der kritischen Situation bei Kröpcke, geistesgegenwärtig ruhig und vollendet liebenswürdig angesichts des weltenlenkenden Schupos." Sie gehörte dem *Deutschen Damen-Automobil-Club (D.D.A.C.)* an, dessen prominentestes Mitglied sicherlich die Fliegerin Elly Beinhorn war. Auch sie eine Hannoveranerin. Über die fortschrittlichen „Damenfahrerinnen" hieß es 1928 in der Zeitschrift *Das Auto*: „Furchtbar ist jeder richtigen Frau die Abhängigkeit von den allzu irdischen Dingen wie Zeit und Raum...Der Frau, der ein Kraftwagen zur Verfügung steht, steht die ganze Welt offen. Sie ist sowohl geschäftlich, beruflich wie gesellschaftlich beschwingt und bevorzugt.....Die moderne Frau braucht das volle Leben ebenso wie der Mann, und sie muß den Pulsschlag der großen Welt...hören." Nicht außer Acht darf freilich bleiben, dass es sich hier zweifellos um sehr begüterte Frauen handelte. Ein eigenes Auto der bevorzugten Fabrikate Mercedes, Cadillac oder Buick konnten sich nur die wenigsten leisten. Die Wirtschaft entdeckte einen neuen Kundinnenkreis: den Typ der modernen, Auto fahrenden Frau mit Bubikopf und kurzem Rock. Von Reparaturanleitungen, die sich an die „sehr geehrte gnädige Frau" wandten bis zu speziellen Modeheften, die autogerechte Kleidung und den geeigneten Picknickkoffer für die Rast im Grünen vorstellten, gab es alles.

Kate Steinitz fand mit ihren künstlerischen Arbeiten und der publizistischen Tätigkeit Bestätigung und Anerkennung. Sie trug aber auch zum Familieneinkommen bei. Für Frauen aus dem gehobenen Bürgertum galt regelmäßige Arbeit noch als unschicklich, denn damit wurde der Eindruck materieller Bedürftigkeit erweckt. Erzogen zu „gefälligen Gattinnen" und „geschickten und züchtigen Hausfrauen", stand dem eine künstlerische Tätigkeit nicht im Wege. In ihrer Erziehung an einer Höheren Töchterschule hatten sie den Sinn für Ästhetik und Dekoration gelernt, waren in verschiedenen Handarbeitstechniken, im Malen und Zeichnen und auch musikalisch ausgebildet worden. Sie verfügten über Sprach- und Literaturkenntnisse. Fingen sie an, als bildende Künstlerinnen zu arbeiten, wurden die Ergebnisse meist als gefällige, dilettantische Hobbykunst belächelt, weiter ging die Toleranz nicht. Auf dem männlich dominierten Kunstmarkt, bei Kollegen, Kritikern oder Kunsthistorikern galt die Kunst des schönen Geschlechts als unzulänglich und überflüssig. Erst mit der 1919 in der Weimarer Verfassung garantierten Gleichberechtigung öffneten sich die Tore der staatlichen Kunstakademien auch für Frauen. Nun mussten sie nicht mehr auf Privatstunden ausweichen, sondern konnten an einem fachlich fundierten Unterricht teilnehmen. Selbst der Besuch von Kursen im bis dahin als „zu undelikat für Damen" geltenden Aktzeichnen war ihnen nun möglich. Angespornt durch ausschließlich männliche Vorbilder, versuchten die Frauen künstlerische Höchstleistungen zu erreichen, was vielen auch gelang. Die Verfassungsänderung wirkte sich jedoch wenig auf die Anforderungen aus, die an eine Frau im täglichen Leben gestellt wurden. Auch eine Künstlerin behielt ihre Rolle im Familiengefüge. Hier konnten Tradition und Moderne aufeinanderprallen, auch wenn sich in der Rückschau Künstlerinnen oftmals positiv äußerten, befruchtende Impulse für ihre kreative Tätigkeit aus dem familiären Umfeld bekommen zu haben.

Die „Goldenen Zwanziger" waren eine Zeit der großen Bewegung und der Aufbrüche in der Kunst. Das Bauhaus, die

Neue Sachlichkeit, der Surrealismus und natürlich der Dadaismus, aber auch neue Medien wie Film und Rundfunk, setzten Impulse. In diese Widersprüchlichkeit zwischen überkommenen Wertvorstellungen und fortschrittlich liberaldemokratischem Denken fand sich in Hamburg 1926 eine Gruppe von kunstschaffenden und kunstinteressierten Frauen zusammen. Ida Dehmel (1870-1942) gründete 1926 in Hamburg die *GEDOK*, die *Gemeinschaft Deutscher und Oesterreichischer Künstlerinnenvereine aller Kunstgattungen*. Sie war in zweiter Ehe mit Richard Dehmel verheiratet, der in der Versicherungswirtschaft Karriere gemacht hatte, nun aber als freier Schriftsteller lebte, auch hier überaus erfolgreich.

In Hannover schlossen sich im November 1927 nach einem Vortrag von Ida Dehmel 150 Frauen zur hiesigen Ortsgruppe zusammen. Der Gesamtverband verfügte nun über 15 örtliche Gruppen im Deutschen Reich und in Österreich. Die Reaktionen in der hannoverschen Öffentlichkeit waren ablehnend: „Wieder ein Vorwand zum Kaffeetrinken und Klatschen" und: „na ja, Künstlerinnen! So viele gibt es in Hannover gar nicht, dass es sich lohnt, einen eigenen Verein zu gründen". Die Äußerung, Hannover habe nicht genügend Künstlerinnen traf durchaus zu, aber das Konzept des Vereins sah vor, zur Hälfte aus Künstlerinnen und zur anderen Hälfte aus Freundinnen bestehen zu wollen. Dieses Ziel wurde erreicht, es fanden sich professionelle Künstlerinnen aller Sparten zusammen, wobei Kunsthandwerkerinnen ausdrücklich dazu gezählt wurden. Die „Freundinnen" waren kulturell interessierte Frauen, welche die Künstlerinnen in jeder Hinsicht unterstützen wollten. Diese Kunstfreundinnen erwiesen sich in der Zukunft als besonders wichtig und hilfreich. Sie leisteten praktische Hilfe bei der Vorbereitung von Ausstellungen, der Öffentlichkeitsarbeit und bei der Durchführung von Hauskonzerten und Lesungen. Einige der gut situierten Frauen lebten in ausreichend großen Wohnungen, um bei den Kulturveranstaltungen als Gastgeberinnen fungieren zu können. Die Künstlerinnen revanchierten sich mit den ihnen zu Gebote stehenden Mitteln. Es entstand auf einer freundschaftlichen, ideellen Basis eine enge Gemeinschaft zwischen berufstätigen und ehrenamtlich arbeitenden Frauen. Die Gründung eines solchen Frauenverbandes war, aus damaliger Sicht betrachtet, ein revolutionärer Akt. Im Jahr 2007 feierte die *GEDOK* Hannover ihr 80-jähriges Jubiläum.

Eine der ersten Frauen, die sich der Hannoveraner Gruppe gleich bei ihrer Gründung anschlossen, war Yvonne Georgi. Sehr früh schon, 1929, wurde die Malerin Grethe Jürgens (1899-1981) Mitglied der *GEDOK* und blieb bis zu ihrem Tod aktiv, in ihren letzten Lebensjahren war sie eine geachtete Jurorin. Sie hatte ein Architekturstudium an der „frauenfeindlichsten Hochschule" des Deutschen Reiches, der Technischen Hochschule in Berlin begonnen, stellte aber bald fest, dass sie sich zur Architektin nicht berufen fühlte, sondern lieber zeichnen wollte. So wechselte sie nach Hannover an die Kunstgewerbeschule und studierte in der Graphik-Klasse von Professor Fritz Bürger-Mühlfeld. Hier fand sie Mitstudierende, mit denen sie ein Leben lang befreundet bleib, darunter Gerta Overbeck (1898-1977). Diese hatte, bevor sie 1919 in die Kunstgewerbeschule nach Hannover kam, eine Ausbildung als Zeichenlehrerin absolviert und auch in diesem Beruf gearbeitet.

Die künstlerische Ausdrucksform, mit der Grethe Jürgens und Gerta Overbeck sowie Erich Wegner, Ernst Thoms, Hans Mertens und Friedrich Busack, ebenfalls Schüler von Professor Bürger-Mühlfeld, arbeiteten, hieß in der Kunstgeschichtsschreibung später die *Neue Sachlichkeit*. In Hannover hafteten der *Neuen Sachlichkeit* die Attribute provinziell und wenig innovativ an. Die Kunstszene wurde beherrscht von Schwitters und seiner Künstlervereinigung *abstrakte hannover* und der 1916 gegründeten *Kestner-Gesellschaft*. Diese war aus dem Wunsch entstanden, auch zeitgenössische, moderne Werke auszustellen, das Konzept des *Kestner-Museums* galt als zu konservativ. Ein kurzer Erfolg war der Gruppe um Bürger-Mühlfeld nach einer ersten Ausstellung 1931 im Kunstverein beschieden, durch die Machtübernahme Hitlers wurde er jedoch jäh gestoppt.

Grethe Jürgens stellte in ihren Werken die „Goldenen Zwanziger" von der anderen, der unschönen Seite dar. Die Inflationszeit mit ihren politischen und sozialen Unruhen war ihr Thema. Sie malte die Arbeitslosen, die in langen Schlangen vor den Ämtern anstanden, die Alkoholiker, Schieber und Gauner, die so genannten „kleinen Leute", die in bedrückender Not um ihre Existenz kämpften. Auch sie selbst lebte in prekären wirtschaftlichen Verhältnissen, wohnte und arbeitete zeitweise in einem Hundezwinger – einem großen Raum, in dem vorher Rassehunde gezüchtet worden waren. Daher war sie dankbar, dass Bürger-Mühlfeld ihr eine Stellung als Reklamezeichnerin bei der *Hackethal Draht- und Kabelwerke AG* vermittelte. Während der nationalsozialistischen Zeit hielt sich Grethe Jürgens mit Werbeaufträgen über Wasser. Neue Arbeiten entstanden fast keine, ihre Kunst passte nicht zum geltenden Verständnis von der „arischen Kunst". Ihr Gemälde *Arbeitslos* von 1936, vom Provinzialmuseum in Hannover erworben, wurde ihr vom Direktor zurückgegeben. Er schützte es so vor der Bewertung als entartet, der Beschlagnahmung und damit der Vernichtung. Sie zeichnete nun mit farbigen Stiften, vorwiegend Pflanzen, direkt nach dem Krieg auch Trümmerblumen auf Schuttbergen. Später wandelte sich ihr Zeichenstil hin zu abstrakten, geometrischen Formen. 1951 wurden Arbeiten von Grethe Jürgens erstmals in einer Einzelausstellung im Wilhelm-Busch-Museum gezeigt, zehn Jahre später entdeckte man die *Neue Sachlichkeit* wieder, Ausstellungen in ganz Europa folgten.

Zur *GEDOK*, die Kunstschaffende aller Sparten aufnahm, gehörte auch Aenne Heise (1895-1986), die sich einem neuen Medium verschrieben hatte. Sie war an der Städtischen Gewerbeschule in Braunschweig, deren fotografische Klasse sich gerade im Aufbau befand, zur Fotografin ausgebildet worden und somit eine Exotin in einem von Männern besetzten Kunst- und Arbeitsbereich. 1924 machte sie sich in Hannover selbstständig und arbeitete in allen Sparten ihres Berufes. Als „Gebrauchsfotografin", wie sie sich selbst nannte, war sie mit einem eigenen Auto unterwegs, um Fotografien für lokale Zeitungen und Magazine zu „schießen". Die technikbegeisterte Frau besaß schon früh eine handliche Leica, die mit Rollfilmen arbeitete und eine Serie von 36 Aufnahmen ohne Wechsel des Negativmaterials erlaubte. Ihr zweiter Bereich war die Werbefotografie, sie war für ein Modeatelier ebenso wie für die Firma Pelikan tätig. Da sie es perfekt verstand, Materialbeschaffenheit und Formensprache ins Bild zu setzen, bekam sie bald auch Aufträge aus dem kunstgewerblichen Bereich. Sie lehnte eine Nachbearbeitung im Labor ab und setzte auf handwerkliche Arbeit mit natürlichem Licht und langen Belichtungszeiten, um Verfälschungen oder Reflexe zu vermeiden.

Daher glaubte sie, sich ohne jede Parteinahme ab 1933 ausschließlich in den Dienst des fotografischen Objekts stellen zu können. Auch als sie im Auftrag der Luftwaffe im Norden und Osten des damaligen Deutschen Reiches kunstgewerbliche Gegenstände, aber auch in Offiziersmessen fotografierte, sah sie darin keinen Widerspruch.

Schon kurze Zeit nach dem Zweiten Weltkrieg bekam sie von ihren alten Kunden wieder Aufträge. In der Wiederaufbauphase nach dem Krieg eröffnete sich ihr mit einer boomenden Baubranche ein neues Betätigungsfeld. Sie arbeitete für bekannte Architekten und als Industriefotografin. Als in den sechziger

Jahren die Schwarzweiß-Fotografie von der Farbfotografie abgelöst wurde, glaubte sie offenbar, Entwicklung und Herstellung von Abzügen nicht mehr selbst im eigenen Labor machen zu können. Sie gab ihre Filme zur weiteren Bearbeitung an Kollegen. Nach und nach zog sich Aenne Heise ganz von der Auftragsfotografie zurück.

Schellingstr-8A. In diesem Haus im Stadtteil Kleefeld wohnte Maximiliane Ackers bis 1931

In politisch interessierten Frauenkreisen Hannovers galt die *GEDOK* als zu bürgerlich, gar „zu zahm". Dennoch fanden sich hier Frauen aller politischen Richtungen zusammen, Gerta Overbeck stand zeitweise der KPD nahe. Der Ehemann der Opernsängerin Olga Tramm-Polnar (1869-1936) war der nationalkonservative Stadtdirektor Heinrich Tramm. Kate Steinitz verabscheute alles Nationalistische, nationalsozialistische Gedanken hingegen vertrat die Rechtsanwältin Maya Hering-Hessel. Die Schulrektorin und Vorsitzende des Hannoverschen Lehrerinnenvereins Anna Mosolf gehörte der DDP (Deutsche Demokratische Partei) an. Die geschätzte Lehrerin Anna Mosolf trat selbstbewusst auf, rief dadurch aber auch Kritiker auf den Plan. Ein anonymer Briefschreiber denunzierte sie bei der vorgesetzten Schulbehörde: „Um das Gedächtnis der Schülerinnen zu verwirren, fordert die Rektorin von den Schülerinnen für sich sowie sämtliche Lehrerinnen der Bürgerschule 33 die Anrede Frau statt Fräulein."

Unabdingbar für die Aufnahme in die *GEDOK* war eine hohe Qualität der Arbeiten, die strengen Maßstäben genügen mussten. Künstlerische Spitzenqualität sollte, so wurde gefordert, Oberhand über den Dilettantismus gewinnen. Die Kunstfreundinnen, hier zählte einzig das Interesse und das Engagement für die Künstlerinnen und ihre Kunst, kamen aus allen Bereichen und übten, soweit sie berufstätig waren, verschiedenste Tätigkeiten aus. Es gab viele Lehrerinnen der Schillerschule, die der *GEDOK* beitraten.

Jede Art von Unterstützung, auch in schwierigen Lebenssituationen, wurde Mitgliedern gewährt, wenn sie ihrer bedurften. Wenn nötig, erfolgte finanzielle Hilfe, die einmalig sein konnte oder, zum Beispiel im Krankheitsfall, auch längerfristig. Darüber hinaus galten privat Toleranz und Respekt gegenüber der Person. Seit 1928 gehörte Maximiliane Ackers (1896-1982) zur *GEDOK*, sie war Kabarettistin, Graphikerin, Schriftstellerin und Musikerin und lebte in einer offenen lesbischen Beziehung zu einer Malerin. In Hannover verbrachte sie sieben Jahre bis 1934 und beteiligte sich besonders aktiv an den Festlichkeiten der *GEDOK*. Sie führte souverän durch das Programm und trug selbstverfasste Verse und Lieder vor. In ihren geistreichen und temperamentvoll präsentierten Kabaretttexten ging sie nicht gerade zimperlich mit den Offiziellen der Stadt um, ihr ausgezeichnetes Programm fand dennoch viel positive Resonanz.

Bereits 1923 hatte sie im hannoverschen *Paul Steegemann Verlag* einen Roman über eine lesbische Beziehung veröffentlicht. *Freundinnen. Ein Roman unter Frauen* hatte bis 1931 schon vier Auflagen erlebt, als der Antrag gestellt wurde, ihn als Schmutz- und Schundschrift zu indizieren. Die Seite der Verteidigung ließ Gutachten anfertigen, darunter eines vom Berliner Institut für Sexualwissenschaften. Auch *GEDOK*-Kolleginnen, unter ihnen besonders Kate Steinitz und Anna Mosolf, setzten sich schriftlich für Maximiliane Ackers' Roman ein. Er durfte schließlich weiter verkauft werden.

Wie alle Verbände hatte die *GEDOK* zu Beginn der nationalsozialistischen Zeit die Wahl zwischen Selbstauflösung und Anpassung. Einige lokale Gruppen lösten sich auf, andere versuchten passiven Widerstand zu leisten, doch die generelle Entscheidung fiel, nach der Umbenennung in Reichs-*GEDOK* zugunsten des Weiterbestehens. Ida Dehmel, Jüdin, wurde 1933 während einer Sitzung von bewaffneter SA gezwungen, den Verbandsvorsitz niederzulegen. In dieser schwierigen Situation erhielt sie keine Hilfe, 1942 setzte sie ihrem Leben selbst ein Ende. Unter den Künstlerinnen und besonders unter den Kunstfreundinnen waren viele Frauen jüdischer Herkunft. Einigen von ihnen gelang die Emigration, wie Kate Steinitz, die nach Amerika floh, oder der hannoverschen Bildhauerin Ellen Bernkopf-Catzenstein (1904-1992), die nach einer Odyssee in Jerusalem eine neue Heimat fand. Andere wurden in Konzentrationslager verschleppt und ermordet. Die Politik hatte die sich als unpoli-

tisch verstehende *GEDOK* eingeholt. 1945 zählte sie noch etwa 3.500 Mitglieder, ebenso viele waren emigriert oder tot.
Nach dem Krieg wurde ein erfolgreicher Neubeginn gewagt, auch wenn noch 1963 die *Süddeutsche Zeitung* anmerkte: „... ob es heute noch einen Sinn hat, dass kunstschaffende Frauen in künstlicher Isolierung von ihren männlichen Kollegen ausstellen, ist eine Frage, die man auch in der *GEDOK* ernsthaft stellen sollte".

Literaturhinweis:
60 Jahre GEDOK Hannover, 1927-1987 (Festschrift). Ausstellung 13. Okt.-22. Nov. 1987 im Historischen Museum.
Dinghaus, Angela und *Sabine Guckel-Seitz:* Die Dame am Steuer. In: Außer Haus, S.117-124.
Guckel, Sabine: „Feine alte Sache in neuer Aufmachung" oder wie in den zwanziger Jahren die Künstlerin Kate Steinitz mit den Ambivalenzen der „Neuen Frau" umging. In: Frauenwelten, S. 329-337.
Jung, Martina und *Martina Scheitenberger:* Aenne Heise. Eine Fotografin in Hannover. In: Frauenwelten, S. 338-346.
Katenhusen, Ines: „...das bedürfnis nach geistiger anregung". Gedok-Künstlerinnen und -Kunstfreundinnen im Hannover der zwanziger und dreißiger Jahre. In: Adlige, Arbeiterinnen und..., S. 211-238.
Piper-Müller, Renate: Grethe Jürgens. Unbeirrbare Künstlerin und eigenständige Frau. In: Sophie & Co., S. 187-200.
Plötz, Kirsten: Anders als die Anderen? Lesbische Frauen in der Weimarer Republik. In: Außer Haus, S.69-76.
Schäfer, Rolf Helmut (Hrsg.): Yvonne Georgi. Braunschweig 1974.
Scheitenberger, Martina und *Uta Ziegan:* Die Kamera fest im Griff – die hannoversche Fotografin Aenne Heise. In: Außer Haus, S. 125-136.
Wiegel, Rosemarie: Mary Wigman. Eine Frau die ihre Schritte selbst bestimmte. In: Sophie & Co., S. 173-186.
Ziegan, Uta: „Ich experimentiere gern." Die Tänzerin, Choreographin und Pädagogin Yvonne Georgi. In: Frauenwelten, S. 347-355.

Immer die Erste – die Juristin Theanolte Bähnisch

Sie war in ihrem beruflichen Leben oft die Erste, dabei drängelte sie sich keineswegs vor. Es ging ihr nur um Gerechtigkeit und um Gleichbehandlung mit den Männern. Theanolte Bähnisch war die erste Regierungsreferendarin, die erste Regierungspräsidentin und die erste Bevollmächtigte eines Bundeslandes beim Bund in Bonn, dem damaligen Sitz der Bundesregierung.
Dorothea Nolte wurde 1899 als drittes von sieben Kindern geboren und wuchs im Westfälischen auf, wo ihr Vater Professor an einem Gymnasium in Warendorf war. Hier erhielt sie ihre erste Ausbildung, wobei in der Familie zwischen Söhnen und Töchtern kein Unterschied gemacht wurde. 1919 legte sie in Köln an einer Schule der Ursulinerinnen ihre Abiturprüfung ab und begann in Münster Jura zu studieren. Offenbar muss sie schon während der Schulzeit großes Interesse an den Rechtswissenschaften gezeigt haben, denn in einem von Schülerinnen zur Abiturfeier verfassten Theaterstück wurde sie als Rechtsanwältin dargestellt. Während des Studiums bemerkte sie schnell, dass es sie nicht interessierte, über straffällig gewordene Menschen zu Gericht zu sitzen, sie wollte vielmehr ergründen, nach welchen Prinzipien Menschen ihr Leben in einer Gemeinschaft ordnen. Schon sehr früh war für sie klar, dass sie in der öffentlichen Verwaltung arbeiten wollte.

Seit Mai 1919 durften in Preußen Frauen die erste juristische Prüfung ablegen, zu Referendarinnen wurden sie noch nicht ernannt. Erst im Januar 1921 erließ das preußische Justizministerium eine Verfügung, die auch Frauen den Vorbereitungsdienst sowie die Große Juristische Staatsprüfung erlaubte. Dr. Marie Elisabeth Lüders (1878-1966), Reichstagsabgeordnete der Deutschen Demokratischen Partei (DDP), hatte nach langen Auseinandersetzungen das Gesetz über die Zulassung von Frauen zu den Berufen und Ämtern der Rechtspflege erkämpft.
1922 bestand Dorothea Nolte das Gerichtsreferendarexamen und arbeitete zunächst beim Amtsgericht Warendorf und anschließend beim Landgericht Münster. Da diese Tätigkeiten ihr besonderes Interesse für die verwaltungsjuristische Arbeit vertieften, bemühte sie sich um die damals erforderliche spezielle Ausbildung als Regierungsreferendarin. Das preußische Innenministerium allerdings verweigerte die Zulassung, Frauen seien nun einmal dafür nicht geeignet, hieß es lapidar. In den männlichen Köpfen herrschte offenbar immer noch das Vorurteil von der geringeren Intelligenz der Frauen. Auch wurde Frauen das in den Rechtswissenschaften benötigte folgerichtige Denken abgesprochen. Sie galten als zu gefühlsbetont, unterlagen angeblich besonders gefühlsmäßigen Einflüssen, vor allem „in den physiologisch bedingten Zuständen verminderter körperlicher Leistungsfähigkeit und erhöhter Reizbarkeit“ die sich negativ auswirken und zu einer Verweichlichung im juristischen Denken führen müssten. Gedacht wurde dabei ganz konkret an Menstruation, Schwangerschaft und die Wechseljahre.
Dorothea Nolte gab so schnell nicht auf. Sie wollte persönlich beim Innenminister vorsprechen und fuhr, sehr ängstlich zwar, aber kämpferisch, nach Berlin. „Was das für mich bedeutete, kann man nur verstehen, wenn man weiß, dass ich noch nie allein über Westfalen hinaus gereist war. Ich brauch-

te meinen ganzen Mut. In Berlin wurde ich vom fassungslosen Personalreferenten bis zum amüsierten Staatssekretär weitergereicht. Als jeder erklärte, eine so weitreichende Entscheidung könne er nicht treffen, bezog ich Position im Vorzimmer des Ministers". Nachdem sie mehrere Stunden dort ausgeharrt hatte, packte sie, hungrig geworden, ihre mitgebrachten Butterbrote aus. Die entnervte Vorzimmerdame gab auf, sie wurde zum Innenminister persönlich vorgelassen.
Im Gespräch mit dem Sozialdemokraten Carl Severing (1875-1952) berief sie sich auf die Weimarer Verfassung. In ihr waren die gleichen Rechte und Pflichten für Männer und Frauen festgeschrieben worden. In Artikel 128 hieß es „Alle Staatsbürger ohne Unterschied sind nach Maßgabe der Gesetze und entsprechend ihrer Befähigung und ihren Leistungen zu den öffentlichen Ämtern zugelassen. Alle Ausnahmebestimmungen gegen weibliche Beamte werden beseitigt". Dem Innenminister imponierte ihr Verhalten offenbar, denn seine Entscheidung fiel schließlich positiv aus: „Wir können es ja versuchen. Wer so hartnäckig ist, bietet die nötigen Voraussetzungen." Damit wurde sie die erste Juristin in der preußischen Verwaltung, ihren Dienst trat sie in Münster an. Nachdem sie 1926 das Assessorexamen abgelegt hatte, wechselte sie nach Berlin, wo sie im Polizeipräsidium arbeitete. Da der Regierungspräsident gleichzeitig Polizeipräsident war, erwarteten Dorothea Nolte vielfältige Herausforderungen. Für einige Zeit leitete sie das Theaterreferat. Sie behauptete sich gut in einer männlich geprägten Welt. In den Augen einiger Kritiker offenbar zu gut, denn der *Berliner Herold* titelte im März 1927:„Wer regiert das Theater? Das Regime des Fräulein Nolte?"
Als sie 1927 ihren Kollegen Albrecht Bähnisch heiratete, ließ sie sich vorher vom Innenminister zusichern, ihre Stelle als Beamtin behalten zu können. Damals galt immer noch die so genannte „Zölibatsklausel für Beamtinnen", die besagte, dass

eine Beamtin bei ihrer Eheschließung aus dem Dienst entlassen werden müsse, außerdem verlor sie alle bisher erworbenen Ansprüche auf eine eigene Alterspension. Eine Anpassung des Beamtenrechts erfolgte erst einige Zeit später und wurde mit Beginn der nationalsozialistischen Herrschaft wieder zurückgenommen. Erst 1953 führte der Gleichheitsgrundsatz im Grundgesetz der Bundesrepublik Deutschland zu der auch heute noch geltenden Änderung des Bundesbeamtengesetzes. Die Heirat einer Beamtin stellt seither keinen Entlassungsgrund mehr dar.
Sie hätte nach der Eheschließung gern ihren Mädchennamen weitergeführt, das allerdings konnte sie nicht durchsetzen. So entschloss sie sich zu einer List und veränderte ihren Vornamen, sie nannte sich nun Theanolte Bähnisch. Damit hatte sie einen einmaligen Namen geschaffen, unter dem sie zwar bekannt, der aber offiziell im Pass nie eingetragen wurde. 1930 schied sie freiwillig aus dem Dienst, als ihr Mann Landrat in Merseburg wurde, und bekam zwei Kinder. Die politische Entwicklung in Deutschland beobachtete sie mit großer Sorge und gab in einem selbstgegründeten *Freiheitsverlag* kritische Schriften zum Nationalsozialismus heraus. Außerdem beantragte sie, sozusagen zur Sicherheit, die Zulassung als „Verwaltungsrechtsrat", das meinte die Zulassung als Anwältin in Verwaltungssachen. Hier hatte sie eine für ihre Zukunft wichtige Entscheidung getroffen, denn ihr Mann wurde 1933 aus politischen Gründen von den Nationalsozialisten fristlos entlassen, Bezüge und Pensionsansprüche wurden gestrichen. Das Ehepaar zog nach Berlin um, wo es in der bescheidenen Zweieinhalb-Zimmerwohnung der Familie eine Rechtsanwaltspraxis eröffnete, die bald schon auf die Betreuung rassisch und politisch Verfolgter spezialisiert war. Ab 1939 standen sie in Kontakt mit der Widerstandsgruppe um Ernst von Harnack (1888-1945).

Albrecht Bähnisch wurde sofort bei Kriegsbeginn eingezogen und galt ab 1943 als vermisst. Theanolte führte die Praxis unerschrocken allein weiter, sie verhandelte energisch mit der Geheimen Staatspolizei und wurde oft in deren Gebäude in die Prinz-Albrecht-Straße einbestellt. „Mein Leben war mehr als einmal gefährdet und in vielen Verhandlungen ist mir gesagt worden, daß ich das Gebäude nicht mehr verlassen würde. Aber mit Bluff und Mut konnte man bei der Gestapo viel erreichen, da sich diese Leute nicht vorstellen konnten, daß ihnen gegenüber jemand sicher auftrat, der nicht hohe Beziehungen zu ihren obersten Führern hatte." Physisch und psychisch erschöpft, ließ sich Theanolte Bähnisch nach dem Kriegsende mit ihren Kindern und ihrer Mutter in Köln nieder und begann eine neue Verwaltungsrechtspraxis aufzubauen.

Aber schon im Frühjahr 1946 rief sie Hinrich Wilhelm Kopf (1893-1961) nach Hannover. Er bekleidete das Amt des Regierungspräsidenten und suchte eine politisch integre Vizeregierungspräsidentin. Sie zögerte nur kurz und ließ sich schließlich von ihm und von Kurt Schumacher (1895-1952) überzeugen, dieses Amt anzunehmen. Auch die britische Militärregierung sah sie gern auf diesem Posten, denn ihre Widerstandstätigkeit in Berlin in der Zeit des Nationalsozialismus war bekannt. Als Kopf im November 1946 der erste Ministerpräsident im neu gegründeten Land Niedersachsen wurde, wählte das Bezirksparlament Theanolte Bähnisch einstimmig zur Regierungspräsidentin in Hannover. Sie war damit die erste Frau in der deutschen Verfassungsgeschichte, die ein solches Amt bekleidete.

Sie verstand es, in der sehr schwierigen Zeit nach dem Krieg „Kontakt bis in das letzte Dorf" zu halten, indem sie den Menschen vermittelte, dass *Der Regierungspräsident* keine abstrakte Behörde, sondern ein Mensch war. Die Zerstörungen, besonders in den Großstädten Niedersachsens, waren erheblich, der

Wohnraum für die einheimische Bevölkerung daher knapp. Gleichzeitig suchten viele Menschen aus den jetzt besetzten Gebieten des deutschen Ostens eine neue Heimat, sie waren auf ihrer Flucht hier gestrandet und es galt, sie unterzubringen. Die Bevölkerung fror und hungerte, es gab zu wenig Heizmaterial und kaum Lebensmittel. Ein blühender Handel fand nur auf dem „Schwarzen Markt" statt. Der „Hungerwinter 1946/47", einer der kältesten Winter des 20. Jahrhunderts, führte zu einer dramatischen Ernährungssituation, die tägliche Fettration für einen „Normalverbraucher" hatte das Gewicht einer leeren Streichholzschachtel. Um das anschaulich auf einem Tablett zu demonstrieren, fuhr die Regierungspräsidentin zu den Kommandeuren der so genannten Bi-Zone, dem Engländer Robertson und dem Amerikaner Clay nach Frankfurt. Das war Theanolte Bähnischs Art des praktischen Handelns, die die beiden Herren mehr beeindruckt hat als ausführliche Berichte über die Not der Bevölkerung

Nach ihrem Grundsatz, „die Verwaltung so gut wie möglich, aber auch so menschlich wie möglich zu führen", kümmerte sie sich neben der Versorgung der Not leidenden Menschen mit Nahrung und der Beseitigung der schlimmsten Wohnungsnot schon sehr bald um die Wiederherstellung von Schulen und Ausbildungsstätten. Sie setzte sich nachhaltig dafür ein, dass die Universität Hannover ihren Lehrbetrieb wieder aufnehmen und entwickeln konnte. Zum Dank dafür wurde sie zur Ehrensenatorin ernannt, auch hier war sie wieder die erste Frau, die in dieser Weise gewürdigt wurde.

Schon in ihrer Berliner Zeit hat sich Theanolte Bähnisch im Juristinnenbund engagiert. Ihr Anliegen war nicht nur ein politisches, sie war Mitglied der SPD, sondern besonders ein frauenpolitisches. „Wir Frauen müssen ein kluges Herz haben" hieß für sie, Rationalität und Gefühl zu verbinden. In Hannover gründete sie bereits 1946 den *Club Deutscher Frauen.* Sie arbeitete hier überparteilich zusammen mit der Schulrektorin und Vorsitzenden des Hannoverschen Lehrerinnenvereins Anna Mosolf von der DDP und der Kommunistin Elfriede Paul, die dem ersten Landtag des Landes Hannover bis zur Gründung des Landes Niedersachsen im November 1946 angehörte. Drei Jahre später schlossen sich in Bad Pyrmont fast alle überparteilichen und überkonfessionellen Frauenverbände auf Bundesebene zum *Deutschen Frauenring* zusammen. Wieder war sie die treibende Kraft und bis 1953 die erste Vorsitzende. Der *Frauenring* knüpfte an den *Bund Deutscher Frauenvereine (BDF)* an, der Dachorganisation der bürgerlichen Frauenbewegung in der Kaiserzeit und in der Weimarer Republik. Auf der ersten Kundgebung des *Clubs Deutscher Frauen* 1946 in Hannovers Stadthalle war die Rede davon „brachliegende, mütterliche Kräfte" derjenigen Frauen „produktiv zu machen" die alleinstehend geblieben waren. In diesem Sinne hatten sich auch die Frauen in der bürgerlichen Frauenbewegung vor 1933 geäußert. Eine überparteiliche Frauenarbeit, wie sie im Gründungsgedanken formuliert wurde, scheiterte bald an der politischen Realität. Mit der Teilung Deutschlands und dem Beginn des Kalten Krieges kam es endgültig zu Verständigungsproblemen untereinander.

Theanoltes Bähnischs Einsatz war es zu verdanken, dass 1951 in Athen der *Deutsche Frauenring* in das *International Council of Women* aufgenommen wurde und damit auch internationale Anerkennung erfuhr. Sie übernahm die Vizepräsidentschaft in diesem internationalen Frauenverband und arbeitete engagiert im Ausschuss für Frieden und internationale Zusammenarbeit mit. Auf internationaler Ebene war sie außerdem Präsidentin der Deutsch-Kanadischen Gesellschaft, aktives Mitglied der Deutschen Gesellschaft für die Vereinten Nationen, des Deutschen Rates der Europäischen Bewegung, der Deutsch-Französischen sowie der Deutsch-Englischen Gesellschaft. Unter ihrem Vorsitz debattierte der 38. Deutsche Juristinnentag 1950 über das Thema *Die Anpassung der Gesetze*

an die Forderung des Grundgesetzes. Für ihre Verdienste wurde sie mit der Verleihung des Großen Bundesverdienstkreuzes mit Stern gewürdigt.
Publizistisch war Theanolte Bähnisch ebenfalls aktiv. Sie gründete 1948 die Frauenzeitschrift *Die Stimme der Frau*, heute bekannt als *Für Sie.* Ihr besonderes Interesse lag in der staatsbürgerlichen Aufklärung der Frau, und in der ersten Nummer schrieb sie: „Wie schwindet das geheime Grauen vor der Politik, wenn man merkt, dass die eigene Wohnungssorge, der Kochtopf und der Berufsweg des Kindes ‚politische' Angelegenheiten sind".

Früherer Sitz des Regierungspräsidenten, heute Gebäude des Umweltministeriums

13 Jahre lang war Theanolte Bähnisch Regierungspräsidentin in Hannover. 1959 wurde sie, so der offizielle Titel, zur *Bevollmächtigten des Lands Niedersachsen beim Bund im Range einer Staatssekretärin* ernannt. Sie wechselte nach Bonn und leitete

die Vertretung Niedersachsens fünf Jahre, bis zum Beginn ihres Ruhestandes 1964. Mit großem, diplomatischem Geschick hat sie einerseits den Interessen Niedersachsens bei den Gesetzgebungsverfahren Gehör verschafft, andererseits aber auch in vielen Verhandlungen und direkten Gesprächen ihren Teil zum Ausgleich der Interessen zwischen den einzelnen Ländern beigetragen. Anlässlich ihres Ausscheidens schrieb die Wochenzeitung *Christ und Welt* bedauernd, es geschähe „zum Leidwesen eigentlich ganz Bonns". Ihr wurde das große Verdienstkreuz des niedersächsischen Verdienstordens verliehen.
Theanolte Bähnisch starb am 9. Juli 1973 in Hannover. Im Stadtteil Bothfeld heißt eine 1989 angelegte, von der Straße Am Alten Gehäge zum Mary-Wigman-Weg führende Verbindung Thea-Bähnisch-Weg. Die Stadt Langenhagen war bei der Namensgebung weniger konventionell, hier gibt es einen Theanolte-Bähnisch-Weg neben der Clara-Schumann-Straße, dem Helene-Weber-Weg und dem Elisabeth-Selbert-Weg.

Literaturhinweis:

Clemens, Bärbel: Theanolte Bähnisch, wir Frauen müssen ein kluges Herz haben. In: Sophie & Co., S. 201 – 213.
Huerkamp, Claudia: Bildungsbürgerinnen. Frauen im Studium und in akademischen Berufen 1900-1945. Göttingen 1996. Darin: IX. Juristinnen und Nationalökonominnen. 1. Die Auseinandersetzung um die Zulassung der Frauen zu den Ämtern und Berufen der Rechtspflege bis zum Gesetz vom 11. Juli 1922, S. 274-281.
Juristinnen in Deutschland. Die Zeit von 1900 bis 1998. Hrsg. Deutscher Juristinnenbund e.V. 3. Aufl. Baden-Baden 1998. (Schriftenreihe Deutscher Juristinnenbund e.V., Bd. 1).

Drei dicke Frauen sind ein Skandal – die Nanas am Leineufer

Die ersten Bombenangriffe des Zweiten Weltkriegs trafen Hannover 1940, Ziel waren die kriegswichtigen Industrien und die Erdölraffinerie Deurag-Nerag in Misburg. 1943 gab es schwere Luftangriffe auf das gesamte Stadtgebiet, der schwerste in der Nacht vom 8. auf den 9. Oktober 1943 zerstörte Hannovers Innenstadt zu beinahe 90 Prozent. Am 10. April 1945 wurde Hannover von amerikanischen Truppen besetzt, einen Tag später übernahm die britische Militärregierung die Stadt. Der hannoverschen Bevölkerung fehlte es nach dem Krieg an den nötigsten Dingen, Wohnung und Hausrat waren nicht vorhanden, aber auch an Nahrung und Kleidung herrschte Mangel. Darüber hinaus galt es, viele Flüchtlinge und Vertriebene zu integrieren.

Am 23. August 1946 wurde Hannover Hauptstadt des Landes gleichen Namens, und schon am 1. November desselben Jahres folgte aufgrund eines Erlasses der britischen Militärregierung die Gründung des Landes Niedersachsen. Die Stadt Hannover wurde zur Landeshauptstadt bestimmt. Die Aufbauplanung, die es sofort nach Ende des Krieges gegeben hatte, nahm konkretere Formen an. Man sprengte Ruinen und beseitigte Schuttberge. Nachdem im August 1948 Rudolf Hillebrecht (1910-1999) als Stadtbaurat sein Amt angetreten hatte, forcierte er die Baumaßnahmen. Sein Konzept nannte er *Neuaufbau*, nicht *Wiederaufbau*, denn er strebte eine Neugliederung der Stadt durch Auflockerungen, *fließende Räume* und *schwingende Straßen* an. Hamburger Allee und Berliner Allee sowie das Leibnizufer wurden angelegt, und für den Verkehrsfluss in einer autogerechten Stadt entstanden ein Innenstadtring und ein Tangentenviereck, darüber hinaus wurden neue Modellsiedlungen gebaut. Hannover galt ab 1950 als Musterbeispiel für den Aufbau und *Der Spiegel* titelte am 3. Juni 1959 mit einem Bild von Rudolf Hillebrecht „das Wunder von Hannover". Das zerstörte Leineschloss, Stadtschloss der Welfenfamilie und auch Wohnung von Kurfürstin Sophie und Kurprinzessin Sophie Dorothea, wurde als Landtagsgebäude auf- und ausgebaut. Einen Leinearm schüttete man zu und beseitigte so die Leineinsel. Die Denkmalpflege musste sich der Stadtraumgestaltung unterordnen, so dass einige erhaltene, später, zu spät, als erhaltenswert eingestufte Gebäude abgerissen wurden. Dazu gehörte beispielsweise das von Hofbaumeister Laves entworfene und nach Königin Friederike benannte Friederikenschlösschen.

Mit dem Ausklingen der Wirtschaftswunderzeit und der stärker werdenden Unzufriedenheit der jüngeren Generation mit den als muffig, prüde und autoritär empfundenen Ansichten von Müttern und Vätern und ihren spießbürgerlichen Lebensformen entstanden ab Ende der 60er Jahre verschiedene Protestbewegungen. „Alle über 30 sind Greise", galt auch im übertragenen Sinn für den Kulturbetrieb. Um sich vom Herkömmlichen, dem ängstlichen Bewahren, abzusetzen, formierte sich eine Gegenbewegung. „Kultur für alle" wurde das Schlagwort für einen alternativen Kunstbegriff. Auch die kommunale Kulturpolitik wollte auf diese Entwicklung „aktiv Einfluss nehmen" und durch Kultur einen Beitrag zur „Demokratisierung der Gesellschaft" leisten.

„Mehr Demokratie" durch Reformen und Veränderung lautete auch in Hannover die Forderung. Spätestens nach dem erfolgreichen Protest gegen die Fahrpreiserhöhung im öffentlichen Nahverkehr, der spektakulären *Aktion Roter Punkt,* haftete Hannover der Ruf einer roten Hochburg an. Martin Neuffer, Stadtdirektor in Hannover, forderte eine „farbige Stadt, die mit Kunstwerken so vollgestopft ist wie mit Bäumen". Nachdem eine von ihm in Auftrag gegebene Imagestudie zu dem Schluss kam, Hannover sei „eine Großstadt mit provinziellem Charakter", beschloss der Rat der Stadt ein „experimentelles Straßenkunstprogramm", das vom 1. September 1970 bis zum 31. August 1973 dauern sollte. Der Beginn wurde mit einem großen Altstadtfest gefeiert, bleibende Projekte wurden initiiert, aber auch zeitlich begrenzte Aktionen und so genannte Happenings, spontane Darbietungen für jung und alt. Nach einem Jahr war zwar von der Euphorie des Beginns nicht mehr viel übrig, aber Hannover hatte seit Herbst 1972 mit Mike Gehrke (1943-2004) einen so genannten „Image-Pfleger" – sein offizieller Titel war Leiter des Referats für Kommunikationsförderung.

Die Stadt Hannover finanzierte das Straßenkunstprogramm letztlich mit 800.000 DM im Jahr 1971 und jeweils 250.000 DM in den beiden folgenden Jahren, die ursprünglich vorgesehene Summe war sehr viel höher gewesen. Werke bekannter Künstler wie Alexander Calder oder Kenneth Snelson waren ebenso unter den erworbenen Objekten wie solche von lokalen Kunstschaffenden. Künstlerische Qualität hatte sich zwar durchgesetzt, allerdings stellte sich auch heraus, dass es nicht ausreichte, Kunst aus den Museen auf die Straße zu holen. Kritiker sprachen abfällig von „Pissnelken-Kunst", und die Akzeptanz innerhalb der hannoverschen Bevölkerung war gering.

Um das Leibnizufer farbiger zu gestalten, erhielt Niki de Saint Phalle den Auftrag für etwa fünf Meter große Nanafiguren. Sie gehörte zum Kreis der *Nouveaux Réalistes,* der Kunstverein hatte schon 1969 eine Ausstellung ihrer Werke gezeigt.. Wurde 1971 die Aufstellung von fünf Nanas geplant, blieben schließlich 1972 noch drei Plastiken übrig. Darunter sollte ursprünglich auch eine schwarze Nana sein. Da die Nanas nach Beurteilung des damaligen Leiters des Kunstvereins, Helmut R. Leppin, als „heitere Kunst" galten, glaubte die Kunstkommission die richtige Wahl getroffen zu haben. Hannovers Bevölkerung würde, so die Einschätzung, „diese Objekte nicht als Kunst, sondern als Teil der Stadt" empfinden.

Die Künstlerin Niki de Saint Phalle entstammte einer Familie des französischen Uradels, der Vater arbeitete im internationalen Bankgeschäft. Ihr vollständiger Geburtsname war Cathérine Marie-Agnès Fal de Saint Phalle, genannt wurde sie Niki. Kritiker, die den unmoralischen Namen für einen werbewirksamen, gut gewählten Künstlernamen gehalten hatten, waren inzwischen verstummt. Geboren wurde sie am 29. Oktober 1930 in Neuilly-sur-Seine, einer Stadt in der Nähe von Paris. Ihre Mutter, eine Amerikanerin, wollte sie zu einer fügsamen, adeligen Tochter mit Aussicht auf eine gute Partie machen. So wurde sie einer strengen Erziehung in Internaten und Klosterschulen unterworfen. Niki de Saint Phalle versuchte sich dagegen zu wehren.

Sie revoltierte außerdem gegen den überstarken Vater, der sie nach ihren eigenen Aussagen in der Kindheit missbraucht haben soll, aber diese Angelegenheit wurde in der Familie totgeschwiegen und drang nicht an die Öffentlichkeit. Niki de Saint Phalle hat sich viele Jahre später in ihrer Kunst mit einer Figur beschäftigt, die sie *Big Daddy* nannte. Auf diese Weise versuchte sie die traumatische Erfahrung aufzuarbeiten. Aus dieser Auseinandersetzung entstand mit den „Schießbildern" eine sehr aggressive Kunst. Sie schoss mit einem Gewehr auf bemalte Leinwandflächen und brachte auf diese Weise dahinter befestigte Farbbeutel zum Platzen, so dass sich die Farbe wie Blut über das Bild ergoss.

Nana Caroline

Mit 18 Jahren floh sie endgültig aus dem Elternhaus, heiratete in New York den amerikanischen Schriftsteller Harry Mathews. In dieser Zeit malte sie ihre ersten Bilder. 1951 wurde Tochter Laura geboren, 1955 Sohn Philip. Nach dem Umzug der Familie nach Europa sah Niki sich in die konventionelle

Rolle gezwungen, die sie nie haben wollte, sie war Hausfrau und Mutter. Zur Behandlung eines 1953 vermutlich daraus resultierenden psychischen Zusammenbruchs wurde in einer Klinik in Nizza auch eine Mal- und Zeichentherapie eingesetzt. In der Zeit ihrer Krankheit hat Niki de Saint Phalle endgültig zu ihrer Kunst gefunden, eine künstlerische Ausbildung erhielt sie nie. 1960 trennte sie sich von ihrem Mann, der ihr aber weiterhin freundschaftlich verbunden blieb, und ging nach Paris. Hier begann sie als freie Künstlerin zu arbeiten.

Niki verbrachte in ihren Kinderjahren viel Zeit bei der Großmutter in New York und ließ sich von ihr gern Märchen vorlesen. Sie begeisterte sich schon damals für phantastische Figuren, die ihren Ursprung in der Märchenwelt haben. Die Frau nahm in ihrer Vorstellung immer eine herausragende Stellung ein. In ihrer Kunst stellte sie Frauen stets als starke Figuren dar, als Welteroberinnen, ausgestattet mit lebensspendender Energie.

Ihre erste Nana hatte Niki de Saint Phalle 1965 in einer Ausstellung in Paris gezeigt. Danach beauftragte die französische Regierung sie mit dem Skulpturenschmuck für die Dachterrasse des französischen Pavillons bei der Expo 67 in Montreal. Hier gestaltete sie ein „phantastisches Paradies" aus meterhohen bunten und schwarzen Styroporfiguren, die mit Neon- und Polyesterfarben bemalt wurden. Einen Kontrast dazu bildeten die von ihrem zweiten Ehemann Jean Tinguely hergestellten Konstruktionen aus Eisenschrott. Nikis Nanas wurden in Amsterdam, Paris, Düsseldorf, New York, Zürich, London und Luzern ausgestellt. Die größte Wirkung erzielte sie aber 1966 mit ihrer Figur „HON-en katedral", „HON – die Kathedrale" im Moderna Museet in Stockholm. *HON* bedeutet auf Schwedisch *SIE,* und in dieser riesigen Figur wird eindrücklich demonstriert, wie die Künstlerin „Nana" interpretierte.

Nana Charlotte

„Nana" ist die babylonische Göttin des weiblichen Eros mit den Merkmalen einer Mondgottheit. In der griechischen und phrygischen Mythologie ist sie die Tochter des Flussgottes Sangarios. Als sie schwanger wurde, weil sie von den Früchten des Mandelbaumes gegessen hatte, sperrte ihr Vater sie ein, zur Strafe sollte sie verhungern. Aber die „große Mutter", mit anderem Namen Kybele, rettete sie und ernährte sie mit Früchten und Götterspeise. Von der auch „große Mutter Kybele" genannten Göttin heißt es, sie befruchte sich selbst, und das Leben entstehe aus ihr selbst. Die Göttermutter oder Urmutter ist eine gebärende und nährende Frau, später ist es die Amme oder Kinderfrau, die zum Beispiel im Englischen „Nanny" heißt, im Französischen „Nourrice", die Nährende. In der Sagenwelt entsteigt diese Göttin oft dem Wasser, sie erscheint dann in Verbindung mit Mystischem, mit Brunnen, Grotten oder auch Höhlen.
HON, die größte Nana aller Zeiten, war eine liegende schwangere Frauenfigur von 23,5 Metern Länge. Sie wurde

in nur sechs Wochen von Niki de Saint Phalle gemeinsam mit Jean Tinguely, Olof Ultvedt und einem großen Stab an freiwilligen Helfern gebaut. Ein Stahlrohrgestell diente als Unterbau, mehrere Schichten Drahtgeflecht formten den Körper und mit viel Gips und Klebstoff wurden Leinwandbahnen als Außenhaut aufgeklebt. Auf die weiße Grundfarbe malte ausschließlich Niki die farbenfrohe, phantasievolle Dekoration. Die Figur war begehbar und beherbergte ein Kino mit zwölf Plätzen, ein Planetarium, eine Liebeslaube und ein Münztelefon. Eine Früchteautomat und eine Cola-Bar sorgten für die leibliche Stärkung, Kinder hatten die Möglichkeit, im linken Schenkel eine Rutschbahn hinunter zu gleiten. Eine Aussichtsplattform auf dem Bauch, mit Ausgang durch die Nabelschnur, ermöglichte einen Blick über die gesamte Figur. Betreten wurde das Kunstwerk durch die Vagina. Für Niki gehörte nichts an der Figur in die Nähe der Pornographie, um das auch öffentlich zu verdeutlichen, benutzte sie den Wahlspruch des englischen Hosenbandordens „Honi soit qui mal y pense – ein Schelm, wer Schlechtes dabei denkt". Der Satz stand wie auf einem Strumpfband auf einem schwarzen Streifen auf der Innenseite des rechten Oberschenkels.

Eine Ampel regelte den Zugang, denn es konnten sich nicht mehr als 150 Personen gleichzeitig im Inneren aufhalten. Hatte Niki de Saint Phalle vor Eröffnung der Ausstellung noch befürchtet, dass nicht genug Gäste kommen könnten, so waren es schließlich in drei Monaten 100.000 kleine und große Menschen, die HON besuchten. Das Echo in der nationalen schwedischen Presse wie auch in internationalen Medien war groß. Die „Rückkehr der Urmutter" in Form einer bunten Figur wurde einerseits begeistert gefeiert, andererseits sprach man von einem „kuriosen Schaustück, Klempnerkunst, einem anatomischen Freudenhaus" und bei 27 Metern Länge und 24 Metern Oberweite von der „größten Hure der Welt".

Als die Stadt Hannover Niki de Saint Phalle mit der Aufstellung von drei Nanafiguren beauftragte, war das alles bekannt. HON war auch interpretiert worden als die Glorifizierung der Mutterschaft, in einer Zeit, da mit der Erfindung der „Pille“ im Jahr 1961 den Frauen allein die Entscheidung über eine Schwangerschaft möglich geworden war. Überall in Deutschland gab es zum Ende der 60er Jahre des letzten Jahrhunderts eine Welle der sexuellen Befreiung und Offenheit. Aufklärungsfilme wie *Helga* hatten Besucherströme ins Kino gelockt, und Männern war bei der gezeigten Geburtsszene reihenweise schlecht geworden. Paare sahen sich gemeinsam Oswald Kolles Filme *Dein Mann das unbekannte Wesen* und *Deine Frau das unbekannte Wesen* an, und Studentinnen wurden bewundert, wenn sie wirklich nach der Devise lebten: „Wer zweimal mit demselben pennt, gehört schon zum Establishment.“
Am 14. Januar 1974 kamen drei große Holzkäfige mit den Figuren in Hannover an. Betonsockel am umgestalteten Leibnizufer sollten der tanzenden, der stehenden und der siamesischen Nana einen festen Stand bieten. Insgesamt acht Stunden dauerte es, die Skulpturen in Anwesenheit der Künstlerin und unter zum Teil lautstarker Beteiligung zahlreicher Schaulustiger aufzustellen. Es ist sicherlich gut gewesen, dass Niki de Saint Phalle die Publikumskommentare nicht vollständig verstanden hat„ wobei diejenigen, die kaum hingeschaut hatten, am lautesten schimpften. Die Künstlerin schlug sofort vor, den Damen deutsche, hannoversche Namen zu geben, eine Äußerung, die den Unmut offenbar noch anheizte. Kunstvereinsleiter Leppin versuchte als Moderator zu fungieren und nach Vorschlägen von Umstehenden wurden die Nanas *Sophie*, *Charlotte* und *Caroline* benannt. Drei bekannte hannoversche Frauen wurden damit geehrt, Kurfürstin Sophie, Charlotte Kestner, geborene Buff, und Caroline Herschel.

Nana Sophie mit Beginenturm

Die erregte Diskussion um die Figuren dauerte noch lange an. Eine Bürgerinitiative *Weg mit den Nanas* sammelte 18.000 Unterschriften. Die *Freunde der Nanas* verteilten Autoaufkleber und stellten am Leineufer Nana-Warnschilder auf. Ein Tauziehen der gegnerischen Parteien mit 3.000 Teilnehmenden brachte keine klare Entscheidung. In der Presse setzte sich die Diskussion vom Leibnizufer fort, die *Hannoversche Allgemeine Zeitung* erhielt insgesamt 415 Zuschriften. 36 davon waren allgemeinen Inhalts, 30 äußerten Zustimmung und 349 wetterten dagegen. Der Zorn über das gesamte Experiment Straßenkunst entlud sich hier.

Etwa ein Viertel der bei der Zeitung eingegangenen Briefe wurden abgedruckt. Von mangelndem Kunstsinn, Dekadenz, Geschmacklosigkeit, Umweltverschmutzung war da die Rede. Solche Kunst könne kein Vorbild für die Jugend sein und für das Geld hätte man besser ein Kriegerdenkmal kaufen können. Die Gesamtkosten für das Kunstwerk und seine Aufstellung haben am Ende 180.000 DM betragen, eine 2- bis 3-Zimmerwohnung am Maschsee kostete damals etwa 70.000 DM.

Die Nanas waren die letzten Objekte, die im Rahmen des experimentellen Straßenkunstprogramms aufgestellt wurden. Nach und nach gewöhnten sich die Hannoveranerinnen und Hannoveraner an die Figuren, ja, sie lernten sogar, sie zu lieben. Die dicken Damen werden heute auf Postkarten abgebildet und gehören zum Leineufer wie der Beginenturm und der samstägliche Flohmarkt. Wie lieb und teuer der hannoverschen Bevölkerung die Figuren inzwischen geworden sind, lässt sich an der Spendensammlung für die Restaurierung der Nanas zum Beginn des 21. Jahrhunderts ablesen. Die aufwendige Renovierung der Figuren kostete 362.000 Euro. Allein 181.000 Euro spendeten Bürgerinnen und Bürger. Die Sparkasse Hannover legte den gleichen Betrag dazu.

Caroline, die siamesische oder grüne Nana, war die erste, die am 6. März 2003 zur Kur geschickt wurde. Nach einer eingehenden Untersuchung sanierte eine Spezialfirma sie, so dass sie im September 2004 zurückkehren konnte. Im Herbst desselben Jahres wurden Sophie, die tanzende Nana, und Charlotte, die stehende, dicke vom Sockel gehievt und eben-

falls behandelt. Die feierliche Enthüllung der renovierten Skulpturen fand am 1. Mai 2005 durch den Oberbürgermeister statt. Damit die Damen auch in Zukunft frisch und sauber strahlen, hat eine Gebäudereinigungsfirma die Patenschaft übernommen und reinigt sie alle 6 Monate.
Die Nanas stehen in Hannover inzwischen für Lebensfreude, Optimismus und Offenheit der Stadt. Auch die Kontakte zu Niki de Saint Phalle sind über beinahe drei Jahrzehnte bis zu ihrem Lebensende nicht abgerissen. 1981 gab es eine große Retrospektive im Sprengel-Museum. Als sie am 21. Mai 2002 in San Diego starb, trauerte ganz Hannover und viele meinten, eine Freundin verloren zu haben. Niki war an den Folgen einer langjährigen Lungenkrankheit gestorben. HON wurde noch aus Draht und Stoff gefertigt und nach Beendigung der Ausstellung zerstört, danach arbeitete Niki mit Polyester. Die Arbeit mit dem aggressive Dämpfe verströmenden Material hatte ihre Lungen verätzt und weitere innere Organe geschädigt, deshalb lebte sie in ihren letzten Lebensjahren im milden Klima Kaliforniens. Hannover besuchte sie zum letzten Mal im Jahr 2000, am 17. November wurde ihr hier als erster Frau die Ehrenbürgerwürde verliehen. Sie meinte damals scherzhaft, der Oberbürgermeister sei immer noch derselbe wie vor 26 Jahren, nämlich Herbert Schmalstieg. Dem Sprengel-Museum schenkte die Künstlerin zu diesem Anlass 363 Arbeiten aus fünfzig Schaffensjahren, die in einer großen Ausstellung *La Fête, Das Fest*, präsentiert wurden. Seit Oktober 2002 trägt der Teil der *Passarelle* zwischen Bahnhof und *Kröpcke* ihren Namen. *Niki de Saint Phalle Promenade* ist über dem Eingang zu lesen, wobei der Name der Künstlerin dem Schriftzug von ihrer eigenen Hand nachempfunden ist.
Die Vollendung ihrer letzten Arbeit für Hannover hat Niki de Saint Phalle nicht mehr erlebt. Die Grotte in den Herrenhäuser Gärten, eines der ältesten Bauwerke im Großen Garten, wurde nach ihrer Neugestaltung erst am 29. März 2003 feier-

lich eingeweiht. Das Werk ist nach den Entwürfen von Niki de Saint Phalle unter der Leitung ihrer Mitarbeiterinnen und Mitarbeiter und mit den von ihr ausgesuchten Materialien fertig gestellt worden. Die Wände sind phantasievoll wie eine Feengrotte dekoriert. Vom mittleren Raum der Spiritualität geht es zum blauen Saal, einem Kosmos aus Ultramarin, Azur und Violett. Die Wände schmücken Reliefs von tanzenden Frauen, die das Wasser verließen, um am Himmel mit den Sternen zu tanzen. Der Silberne Saal ist ein Paradies des Lichts. Hier gibt es Tiere, Blumen, Sonne, Mond und Frauenfiguren. Einem Brunnen entsteigt die *Nana of Herrenhausen.*

Literaturhinweis:
Becker, Monika: Starke Weiblichkeitsfesseln – Niki de Saint Phalle. München 1999.
Experiment Straßenkunst Hannover. Der Anfang. Photographiert von Joachim Giesel und Heinrich Riesbesehl. Hrsg. von der Landeshauptstadt Hannover, Presseamt, o. J. (ca. 1971)
Katenhusen, Ines: Lebenslust per Ratsbeschluß: das Experiment Straßenkunst und der Nana-Skandal im Hannover der 1970er Jahre. In: Geschichte als Experiment: Studien zu Politik, Kultur und Alltag im 19. und 20. Jahrhundert; Festschrift für Adelheid von Saldern. Hrsg. von Daniela Münkel und Jutta Schwarzkopf. Frankfurt a. M. 2004, S. 307-319.
Katenhusen, Ines: „...was nützen gute ideen oben in der pyramide, wenn es unten einfach nicht ankommt..." Straßenkunstprogramm und Imagepolitik. In: Die 1960er Jahre in Hannover: Künstler, Galerien und Straßenkunst. Hrsg. von Stephan Lohr und Ludwig Zerull in Zusammenarb. mit dem Sprengel Museum. Hannover 2007. Ausstellungskatalog. S. 166-184.
Schröder, Stefanie: Ein starkes, verwundetes Herz – Niki de Saint Phalle; ein Künstlerleben. 2. Aufl. Freiburg 2000.

Besonders hingewiesen sei hier – auch wenn bereits in den Literaturhinweisen am Kapitelende der Beiträge genannt – noch einmal auf einige in den letzten Jahren erschienene Sammelbände zur hannoverschen Frauengeschichte:

Außer Haus, Frauengeschichte in Hannover. Hrsg. von Christiane Schröder und Monika Sonneck. Hannover 1994.

Adlige, Arbeiterinnen und… Frauenleben in Stadt und Region Hannover vom 17. bis zum 20. Jahrhundert. Hrsg. von Karin Ehrich und Christiane Schröder. Bielefeld 1999.

Frauenwelten: biographisch-historische Skizzen aus Niedersachsen. Hrsg. von Angela Dinghaus. Hildesheim 1993.

Jung, Martina und *Martina Scheitenberger:* … den Kopf noch fest auf dem Hals. Frauen in Hannover 1945-1948. Hannover 1996.

Sophie & Co. Bedeutende Frauen Hannovers. Biograph. Porträts hrsg. von Hiltrud Schröder. 2. Aufl. Hannover 1996.

Kurze biographische Artikel mit ausführlichen Literaturangaben finden sich bei den „Frauen aus Hannover“ unter den „Specials“ in der Datenbank www.fembio.org, hrsg. von Luise F. Pusch.

Erwähnen möchte ich auch ausdrücklich die vom Stadtarchiv Hannover zum Thema geleistete Arbeit.